纠纷调解系列丛书

Handbook of
Consumer Dispute
Mediation

消费纠纷调解手册

潘月新　鲍乐东　/主编

ZHEJIANG UNIVERSITY PRESS
浙江大学出版社

图书在版编目（CIP）数据

消费纠纷调解手册 / 潘月新，鲍乐东主编. — 杭州：
浙江大学出版社，2022.1
ISBN 978-7-308-21974-7

Ⅰ. ①消… Ⅱ. ①潘… ②鲍… Ⅲ. ①消费者权益－
民事纠纷－调解－中国－手册 Ⅳ. ①D922.294.4

中国版本图书馆CIP数据核字(2021)第232337号

消费纠纷调解手册

潘月新　鲍乐东　主编

责任编辑	朱　辉	
责任校对	葛　娟	
封面设计	春天书装	
出版发行	浙江大学出版社	
	（杭州市天目山路148号　　邮政编码　310007）	
	（网址：http://www.zjupress.com）	
排　　版	杭州林智广告有限公司	
印　　刷	嘉兴华源印刷厂	
开　　本	787mm×1092mm　1/16	
印　　张	7.25	
字　　数	168千	
版 印 次	2022年1月第1版　2022年1月第1次印刷	
书　　号	ISBN 978-7-308-21974-7	
定　　价	30.00元	

序

习近平总书记2020年到浙江安吉县社会矛盾纠纷调处化解中心调研时指出,矛盾处理是一个国家、社会长治久安的一个基础性工作。基础不牢,地动山摇,而消费联系的是万千商户和顾客,如果消费纠纷没能得到及时有效的解决,轻则影响消费者或经营者的正常工作、生活以及经营,重则还可能会危及社会公共利益和国家经济秩序。合情合理解决好消费纠纷,化解顾客和商户的矛盾,对于促进市场经济的有效运行和构建和谐的消费关系都有着积极的作用。

消费纠纷一般涉及金额较小,但数量庞大、牵扯人数众多,人民调解员正承担着越来越重的消费纠纷调解任务,成为助力基层矛盾源头治理不可或缺的一部分,对于推进诉源治理工作具有重要意义。

调解员既要有耐心,又要懂得法律法规,同时,还要会沟通、会说理、会引导。但是,当下的调解员还有着很多局限。在实际工作当中,很多调解员还没有完全掌握相关法律知识、心理知识、调解技巧等多方面专业技能,有时可能一句不恰当的话就会引发舆情,导致网络暴力等更多问题的产生,使得调解功亏一篑。

杭州市拱墅区紫薇花社会组织指导中心的潘月新老师和徐新鹏老师,有着十余年的调解一线经验,率先在调解行业中系统地整理出了人民调解委员会调解员系列培训教材,这是该领域一次有意义的探索,也是调解员不可或缺的护航宝典。本书紧紧结合《中华人民共和国消费者权益保护法》,详细解读了相关法律法规的内容,并用实务案例分析的方式对法律知识点的适用进行深入解析,使其浅显易懂,便于读者学习。作者希望通过业务培训,培养 批"法律明白人",先让一批人学法,再带动一批人用法,让"身边人影响身边人,身边人带动身边人",在广大人民群众中逐步形成办事依法、遇事找法、解决问题用法、化解矛盾靠法的浓厚氛围,以促进社会的和谐稳定。

懂法是纠纷调解的一大重点,而另一大重点就是调解原则和调解技巧。本书把握住了调解的本质,从法律知识、心理知识、调解技巧、实务操作等多个方面来指导培训,让调解员可以更便捷、更系统地学会调解,避免过去"调解随性化""调解培训内容碎片化"等问题,将有利于我们打造一支知法懂法、具备法律知识和调解技巧的专业化队伍。

而这,也正是潘月新老师编写教材的初衷:突破创新,改变学习习惯,让纠纷调解的学习系统化、专业化、人性化,让调解过程规范化、合法化、温暖化,锻造一支满怀爱心、细心、耐心，充满激情、热情、感情，为百姓做好事、做善事、做实事的调解队伍。这也是对"枫桥经验"的拓展和创新，对于丰富社会治理内涵、提升基层社会治理水平具有积极意义。

目录 Contents

第一章　消费者与经营者

一、消费者

◇ **知识点提炼**

消费者　消费者权利

◇ **知识点详解**

消费者　根据《中华人民共和国消费者权益保护法》[①]第二条的规定，消费者是为生活消费需要购买、使用商品或者接受服务的人。现常将消费者定义为，为达到个人消费使用目的而购买各种产品与服务的个人或最终产品的个人使用者。

消费者还应具备以下几个条件：

第一，消费者应当是公民为生活目的而进行的消费，如果消费的目的是用于生产，则不属于消费者范畴。

第二，消费者应当是商品或服务的使用者或受用者。

第三，消费的客体既包括商品，也包括服务。

第四，消费者主要是指个人消费，也包括了单位或集体。

消费者权利　根据《消费者权益保护法》及相关法律法规的规定，消费者有如下权利：（1）安全保障权；（2）知悉真情权；（3）自主选择权；（4）公平交易权；（5）获得赔偿权；（6）结社权；（7）获得知识权；（8）受尊重权；（9）监督权；（10）反悔权；（11）个人信息受保护权。

◇ **选择题**

1. 以下哪个主体不可以作为消费者？　　　　　　　　　　　　　　（　　）

　　A. 大学生

　　B. 韩国人

　　C. 国企

　　D. 以上都不是

---

① 简称《消费者权益保护法》。

2. 以下哪种行为不是消费者行为？ （　　）

　　A. 小明买了面包作为明天的早餐

　　B. 小张在美团上买了团购券打算晚上去做推拿

　　C. 小青 5 月 20 日在鲜花批发商那里买了 100 支玫瑰打算晚上卖给街上的情侣

　　D. 某单位团购了 50 箱粽子作为端午节福利

3. 小光买了一辆新车登记在自己名下，登记时使用性质为家庭自用，但实际上小光将该车用于跑滴滴。请问小光购买该车是否可以认定为消费行为？ （　　）

　　A. 可以

　　B. 不可以

◆ 案例题

1. 2021 年 5 月 1 日，小孙和小朱在家门口的某超市购物时发现放在货架上的香肠已经过期。小孙本来打算提醒一下店员将香肠及时下架，但小朱制止了他，和他说："你傻啊，这是赚钱的好机会。"随后，小朱仔细寻找，一共发现过期香肠 15 包，价值 555 元。小朱在收银台结完账后，直奔服务台要求索赔，后因协商无果，诉至法院，要求超市依法支付 15 包香肠售价的 10 倍 5550 元作为赔偿金。

超市认为小朱确实购买了香肠，但他这是知假买假，不应该认定他是消费者。

问：如果你是法官，你认为超市的抗辩理由可以成立吗？

参考答案

二、经营者

◆ **知识点提炼**

经营者　经营者义务

◆ **知识点详解**

经营者　有关经营者的法律概念在《消费者权益保护法》中并没有规定,《中华人民共和国反垄断法》第十二条规定,"经营者,是指从事商品生产、经营或者提供服务的自然人、法人和其他组织"。

经营者是向消费者提供其生产、销售的商品或者提供服务的公民、法人或者其他经济组织,是以营利为目的从事生产经营活动并与消费者相对应的另一方当事人。

经营者义务　根据《消费者权益保护法》以及其他相关法律法规的规定,经营者义务具体可以概括为以下内容:(1)依法经营的义务;(2)接受消费者监督的义务;(3)保障产品质量的义务;(4)保障经营场所安全的义务;(5)标明名称和标记的义务;(6)明码标价的义务;(7)依法进行商品或服务宣传的义务;(8)通报与消除产品安全危险的义务;(9)解答消费者询问的义务;(10)强制信息披露的义务;(11)提供购货单据或服务凭证的义务;(12)依法收集和使用个人信息的义务;(13)尊重消费者的义务;(14)依法履行消费合同的义务;(15)承担举证责任的义务。

◆ **选择题**

1. 以下可以作为经营者的是　　　　　　　　　　　　　　　　　　　(　　)
   A. 小花个人
   B. 小花所在的公司
   C. 小花家无营业执照的小作坊
   D. 以上都是

2. 以下不是经营者义务的是　　　　　　　　　　　　　　　　　　　(　　)
   A. 开具购货发票
   B. 对商品明码标价
   C. 无条件上门服务
   D. 出租柜台标明真实名称

◆ **案例题**

1. 小明在某农机平台购买了一台拖拉机，价款 5888 元。购买时拖拉机公司正在搞活动，按照每千元发一张奖券，小明获得 5 张奖券，奖券上约定 5 月 21 日开奖。等到开奖日期，小明前往拖拉机公司兑奖，其所持的一张编号"111223"的奖券中了一等奖。奖券背面注明，一等奖奖品为价值 18888 元的豪华拖拉机一台。但当小明要领取奖品时，拖拉机公司拒绝了，理由是公司已于 4 月 19 日进行了摇奖，并在 4 月 20 日将中奖号码在当地的报纸上进行公告，限中奖者自公告之日起 15 天内领奖，过期作废。而小明持有的奖券已经超过领奖期，故不能兑奖。

于是，小明向当地法院起诉，要求拖拉机公司交付奖品。

问：你觉得小明的要求可以被支持吗？

参考答案

第二章　消费者权利

一、安全保障权

◈ **知识点提炼**

安全保障权

◈ **知识点详解**

安全保障权　根据《消费者权益保护法》第七条的规定，消费者在购买、使用商品和接受服务时享有人身、财产安全不受损害的权利。也就是说，消费者在消费过程中，享有生命安全权、健康安全权和财产安全权受到保障的权利。

此外，消费者有权要求经营者提供的商品和服务，符合保障人身、财产安全的要求。

经营者有义务保障消费者在消费过程中的人身、财产安全，这就要求经营者必须做到以下几点。

（1）提供的商品和服务应当符合人体健康和人身财产安全的国家标准或者行业标准。

（2）提供的商品和服务没有国家标准或者行业标准的，应当保证符合人身健康、财产安全的要求。

（3）对可能危及人体健康和安全的商品和服务，要事先向消费者作出真实的说明和明确的警示，并标明或说明正确使用商品和接受服务的方法。

（4）发现提供的商品和服务有严重缺陷，即使消费者采用正确使用方法仍可能导致危害的，应及时告之，并采取切实可行的保障措施。

（5）经营者提供的消费场所和环境必须具有必要的安全保障措施，使消费者能在安全的环境中进行消费或接受服务。

◈ **选择题**

1.消费者的安全保障权包括以下哪几个方面？　　　　　　　　　　（　　）

A.生命安全权

B. 健康安全权

C. 财产安全权

D. 名誉权

2. 经营者应当保证其提供的商品或服务符合保障人身、财产安全的要求，对＿＿＿＿＿的商品，应当向消费者作出真实的说明和明确的警示，并说明或标明正确使用商品的方法以防止危害发生。　　　　　　　　　　　　　　（　　）

A. 不合格

B. 未经检验

C. 数量不足

D. 可能危及人身、财产安全

3. 下列商家行为中，属于侵犯消费者安全保障权的有　　　　（　　）

A. 鲜牛奶还有三天就要过期，商家以买一送一的形式进行销售

B. 商家谢绝自带酒水

C. 西瓜有半个已经坏掉，但商家以切片形式隐藏坏果并卖给消费者

D. 售出商品，概不退换

◆ 案例题

1. 2006 年齐齐哈尔第二制药有限公司（简称齐二药）的"亮菌甲素"假药事件，最终导致 13 人死亡，部分人肾毒害的惨剧。经调查，"齐二药"使用假冒辅料制售假药的成因被查明，涉及的相关药品得到控制，相关责任人受到相应的惩罚。国家食品药品监督管理局组织在全国范围内认真开展整顿和规范药品市场秩序的专项行动。

问：齐二药假药事件侵犯了消费者的哪些权利？

参考答案

二、知悉真情权

◈ **知识点提炼**

知悉真情权

◈ **知识点详解**

知悉真情权 根据《消费者权益保护法》第八条的规定，消费者享有知悉其购买、使用的商品或接受的服务的真实情况的权利；消费者有权根据商品或服务的不同情况，要求经营者提供商品的价格、产地、生产者、用途、性能、规格、等级、主要成分、生产日期、有效期限、检验合格证明、使用方法说明书、售后服务，或者服务的内容、规格、费用等有关情况。

◈ **选择题**

1. 下列选项中，超出了消费者知情权权限的是　　　　　　　　　　　（　　）

    A. 王某因某厂家的商品未标明具体生产日期，向消费者协会投诉

    B. 萧某要求一家老字号拉面馆将其配料和做工方法公之于众

    C. 付某进超市买猪肉，对肉的来源、生产厂家、到货时间、价格等问得很详细，使服务员有些不耐烦

    D. 徐某进美容院美容，向美容师询问其所使用化妆品的生产厂家

2. 小林在书店购买了一套历史丛书，后来发现这套丛书是盗版的，错别字很多。于是，他向当地的消费者协会投诉，要求书店赔偿，因为书店侵犯了他的　　（　　）

    A. 知悉真情权

    B. 自主选择权

    C. 公平交易权

    D. 维护尊严权

3. 下列商家条款中，哪一项侵犯了消费者的知悉真情权？　　　　　（　　）

    A. 打折商品不退不换

    B. 买车人违约，已付的购车款不予退回

    C. 活动最终解释权归公司所有

    D. 贵重物品及现金请寄存总台保管，否则遗失或被盗公司概不负责

◆ **案例题**

1. 据有关报道：从南方运来的香蕉，大都七八成熟。小贩们廉价批购后，在还没有成熟的香蕉表面涂上一层含有二氧化硫的催熟剂，再用三四十度的炉火熏烤后藏置，一两天时间香蕉全变成了个大、色黄的"上品"香蕉。结果 1.5 元每千克进的货，催熟后要卖到 4 元每千克。

问：该行为侵犯了消费者的哪些权利？

参考答案

三、自主选择权

◆ **知识点提炼**

自主选择权 禁止滥用自主选择权

◆ **知识点详解**

自主选择权 根据《消费者权益保护法》第九条的规定，消费者享有自主选择商品或者服务的权利，简称为自主选择权。也就是说，消费者有权根据自己的需求、意向和兴趣，自主选择自己满意的商品或服务。主要体现为：一是有权自主选择商品或服务的经营者；二是有权自主选择商品品种或服务方式；三是有权自主决定购买或者不购买任何一种商品、接受或者不接受任何一项服务；四是在自主选择商品或服务时，有权进行比较、鉴别和挑选。

此外，《中华人民共和国反不正当竞争法》也对自主选择权进行了规定：经营者利用网络从事生产经营活动，不得利用技术手段，误导、欺骗、强迫用户修改、关闭、卸载其他经营者合法提供的网络产品或者服务。

禁止滥用自主选择权 消费者虽然有自主选择权，但并不意味着消费者可以滥用自主选择权。

消费者选择商品或服务的行为必须是合法的，必须在法律允许的范围内运用自主选择权，而不能把自主选择权建立在侵害国家、集体和他人的合法权益之上。此外，自主选择权通常只能限定在购买商品或者接受服务的范围内，不能扩大到使用商品上。

◆ **选择题**

1. 小光夫水果店买西瓜，发现有两种西瓜： 种是本地产的西瓜，3 元一斤；一种是外地产的沙瓤瓜，2.5 元一斤。小光原本打算购买沙瓤瓜，但架不住售货员的一直劝说，最后买了本地产的西瓜，共花费 30 元。售货员的行为是否侵犯了小光的自主选择权？ （ ）

   A. 是

   B. 不是

2. 消费者依法享有自主选择权。下列选项中，哪些属于消费者的自主选择权的内容？ （ ）

   A. 自主选择经营者

   B. 自主选择商品品种

   C. 自主选择服务方式

D. 自主决定是否购买某种商品

3. 下列哪些属于消费者的自主选择权？　　　　　　　　　　　　（　　）

    A. 选择商品品种或服务方式

    B. 决定是否购买某商品或接受某种服务

    C. 在购买商品或接受服务时，有权进行比较、鉴别和挑选

    D. 在购买商品或接受服务时，有权拒绝经营者的强制交易行为

4. 下列行为中侵犯公民自主选择权的是　　　　　　　　　　　　（　　）

    A. 某超市规定"本店商品售出后，一律不得退换"

    B. 小李买的食品过了保质期

    C. 郭某刚买回家的啤酒突然爆炸，郭某受轻伤

    D. 个体户刘某销售假烟、假酒

◆ 案例题

1. 小李在参与车牌摇号 66 次以后，终于在本月中签获得浙 A 牌照一块。他做了许多功课以后，根据自己的需求以及经济情况，打算以贷款的方式购买某品牌汽车。但除了相应的车款，汽车销售公司还要求小李缴纳 5400 元金融服务费和 1000 元上牌费。虽然小李对此心存疑惑，但当销售说别的顾客也是一样都付了这个钱后，小李犹豫了一下还是付清了这 6400 元钱。

回去后小李越想越不对，在网上查了资料和咨询了相关人士，得知银行不收取金融服务费，交通管理部门也不收取上牌费，这些都是汽车销售公司违规收取的。于是，小李将汽车销售公司诉至法院，认为汽车销售公司涉嫌欺诈，要求退还金融服务费及汽车上牌费。汽车销售公司称收费之前已经明确告知小李相关明细，并且出具收费通知书，小李系自愿缴纳费用，汽车销售公司并无任何违规不当行为。

法院判决：消费者贷款购买汽车，自当依据与银行达成的贷款合同偿还本金及利息，银行并不收取金融服务费，汽车销售公司收取金融服务费没有任何法律依据，侵犯了消费者的自主选择权。汽车上牌费的收取同理。故汽车销售公司应当退还收取的金融服务费和上牌费。

问：汽车销售公司侵犯了小李的哪些自主选择权？

参考答案

四、公平交易权

◆ 知识点提炼

公平交易权　公平交易权内涵　格式条款　格式条款限制

◆ 知识点详解

公平交易权　根据《消费者权益保护法》第十条的规定，消费者享有公平交易的权利，消费者在购买商品或者接受服务时，有权获得质量保障、价格合理、计量正确等公平交易条件，有权拒绝经营者的强制交易行为。公平是指导经营者与消费者进行交易的重要法律准则，它意味着交易双方从交易中获利是均衡的，双方享有的权利和承担的义务是相当的。

公平交易权内涵　消费者所享有的公平交易权主要体现在以下两方面。

一是有权获得质量保障、价格合理、计量正确等公平交易条件。质量保障是消费者在购买商品或接受服务时对经营者的基本要求，这是关系到人身安全的重大问题。价格合理充分体现了等价交换的原则。计量的准确性则直接涉及消费者的经济利益。因此，经营者在提供商品或服务时，必须质量保障、价格合理、计量正确。

二是消费者有权拒绝经营者的强制交易行为。有的经营者在掌握了人们非常需要而又十分紧俏的商品或服务时，往往违反平等自愿、公平交易的市场准则，违背消费者的意愿强制交易，从而损害了消费者自主选择商品或者服务的权利，侵害了消费者的合法权益。因此，消费者在自己的公平交易权受到侵害时，有权拒绝强制交易，并获得合理的赔偿。

格式条款　格式条款又称为标准条款，是指当事人为了重复使用而预先拟定、并在订立合同时未与对方协商的条款。

格式条款限制　第一，提供格式条款一方有提示、说明的义务，应当提请对方注意免除或者限制其责任的条款，并按照对方的要求予以说明。第二，免除提供格式条款一方当事人主要义务、排除对方当事人主要权利的格式条款无效。第三，对格式条款的理解发生争议的，应按通常理解予以解释；对格式条款有两种以上解释的，应当作出不利于提供格式条款一方的解释。

《消费者权益保护法》第二十六条规定：

"经营者在经营活动中使用格式条款的，应当以显著方式提请消费者注意商品或者服务的数量和质量、价款或者费用、履行期限和方式、安全注意事项和风险警示、售后服务、民事责任等与消费者有重大利害关系的内容，并按照消费者的要求予以说明。

"经营者不得以格式条款、通知、声明、店堂告示等方式，作出排除或限制消费者权利、减轻或者免除经营者责任、加重消费者责任等对消费者不公平、不合理的规定，不得利用格式条款并借助技术手段强制交易。

"格式条款、通知、声明、店堂告示等含有前述所列内容的，其内容无效。"

而《浙江省实施〈中华人民共和国消费者权益保护法〉办法》第八条针对经营者使用格式条款后产生争议的解释进行了进一步细化规定："经营者在经营活动中使用的格式条款、通知、声明、店堂告示等应当符合法律、法规规定。对格式条款、通知、声明、店堂告示等内容的理解发生争议的，应当按照通常理解予以解释；有两种以上解释的，应当作有利于消费者的解释。"

◆ 选择题

1. 公平交易权的要求为 （ ）

　　A. 价格合理

　　B. 自主选择

　　C. 质量保障

　　D. 了解信息

　　E. 计量公正

2. 霸王条款是指一些经营者针对消费者单方面制定的逃避法定义务、减免自身责任的不平等的格式合同、通知、声明和店堂告示或者行业惯例等。下列属于霸王条款的是 （ ）

　　A. 无业青年王某等三人强行占据菜场的停车场，并声称要停车必须缴费十元

　　B. 个体户洪某恶狠狠地威胁街对面同样经营大米批发生意的赵某："以后你要是敢比我早开门，我砸了你的店"

　　C. 某商场举行店庆时在电子广告牌上写明："全场火爆，满四百元减一百五元；请勿拥挤，排队入场；1.4 米以下儿童入场必须有家长陪同"

　　D. 某服装店玻璃窗上写着："打折期间售出商品概不退换"

◆ 案例题

1. 2017 年 2 月 18 日，重庆市万盛区消费者权益保护委员会接到消费者卓某（投保人）投诉。1999 年 9 月卓某为爱人（被保险人）在中国人寿保险有限公司购买了一份康宁定期保险，保险费 850 元 / 年，缴费期为 10 年，由于其爱人有高血压病，保险公司每年再加收 210 元的费用，共计加收费用 2100 元。当卓某爱人年满 70 周岁后，其于 2016 年 9 月中旬找到保险公司，要求返还保险费。保险公司称给付类保金属于满期返还保险责任的险种，期满时返还保险费，次标准（身体体检不合格的称为次标准）的附加保险费部分不予返还；由于卓某爱人有高血压病，加费不符合退还条件，故不予退还。

据了解，康宁定期保险第四条第一款中关于"在本合同有效期内，本公司负下列保险责任"中第四项规定："被保险人生存至七十周岁的生效对应日，本公司按所缴

付的保险费（不计利息）给付满期保险金，本合同终止。"《中国人寿保险有限公司保全实务》第五章给付类保全的第七条规定："具有满期返还保险责任的险种，期满时返还保险费处理规定如下：第（1）项：次标准体加费在保险合同期满时不予返还。"

问：保险公司此举是否符合法律规定？

参考答案

五、获得赔偿权

◈ 知识点积累

获得赔偿权　延误使用索赔权　精神损失索赔权　赠品质次索赔权　超时服务索赔权　"三包产品"超期索赔权　经营者明知有缺陷的索赔权　责任主体

◈ 知识点详解

获得赔偿权　这是《消费者权益保护法》确立的消费者基本权利之一，具体规定在《消费者权益保护法》第十一条。获得赔偿权又称求偿权，是1969年由美国政府提出的。其内容是只要商品和服务的提供者在客观上造成消费者人身、财产或荣誉上的损害，不管其主观是否有过错，受害者都有权要求赔偿或其他救助的权利。这种权利不同于传统民法中的损害赔偿制度，加强了对消费者的特殊保护，加重了生产经营者的责任。

延误使用索赔权　消费者只要不是因为自己的过错而购买了不合格的商品从而耽误使用的，就可以向销售者要求赔偿。

精神损失索赔权　按照现有的惯例和法规，消费者的权利受到侵犯后，能够得到的赔偿仅仅是按照商品价格、服务价格以及相关内容计算的经济损失。而在实际生活中，消费者权益受到侵犯后，除了经济损失外，还有为投诉、打官司耗费的精力，甚至在交涉过程中还可能遭受到人格尊严的伤害，即精神损失。所以，消费者应有精神损失索赔权。

赠品质次索赔权　销售者推出的"买一赠一"等活动中所赠送的"免费"商品，其实并不是纯粹的赠与，而是"有偿赠与"，所以，"免费"并不能"免责"，销售者有义务保证赠送的产品或服务的质量。如果消费者因使用免费产品或接受免费服务遭受权益损害的，销售者应当承担相应的赔偿责任。

超时服务索赔权　《消费者权益保护法》第十六条第二款规定，经营者和消费者有约定的应当按照约定履行义务，因此超时服务所包含的内容极其广泛，如班机晚点、班车晚点、预约服务（如安装闭路电视）延误等。超时服务的索赔又分为两种：一种是事后索赔；一种是事中索赔。

"三包产品"超期索赔权　《中华人民共和国产品质量法》[①]第四十五条规定：

"因产品存在缺陷造成损害要求赔偿的诉讼时效期间为二年，自当事人知道或者应当知道其权益受到损害时起计算。

"因产品存在缺陷造成损害要求赔偿的请求权，在造成损害的缺陷产品交付最初消费者满十年丧失；但是，尚未超过明示的安全使用期的除外。"

---

① 简称《产品质量法》。

据此，消费者购买的产品一旦因其自身缺陷原因而造成损害的，只要购买后未超过产品说明中所标明的安全使用期，则仍然可以向销售者索赔。

经营者明知有缺陷的索赔权 《消费者权益保护法》第五十五条规定，经营者明知商品或者服务存在缺陷，仍然向消费者提供，造成消费者或者其他受害人死亡或者健康严重损害的，受害人有权要求经营者按法律规定赔偿损失，并有权要求所受损失二倍以下的惩罚性赔偿。

责任主体 根据《消费者权益保护法》第四十条、第四十一条、第四十二条、第四十三条、第四十四条、第四十五条的规定，消费者索赔权的赔偿责任主体主要包括以下几类：商品的生产者；商品的销售者；提供服务的经营者；企业分立、合并后，接受原企业权利义务的新企业；营业执照的出借人、出租人；展销会的举办者、柜台的出租者；网络交易平台提供者；广告经营者、发布者；在虚假宣传中进行推荐的社会团体或其他组织、个人。

◆ 选择题

1. 消费者与经营者进行交易，享有什么权利？ （　　）
   A. 知悉真实情况
   B. 自主选择
   C. 公平交易
   D. 获得赔偿

2. 保护消费者合法权益的法律有 （　　）
   A.《中华人民共和国消费者权益保护法》
   B.《中华人民共和国产品质量法》
   C.《中华人民共和国食品卫生法》
   D.《中华人民共和国广告法》

3. 享有求偿权的主体是 （　　）
   A. 商品的购买者
   B. 商品的使用者
   C. 服务的接受者
   D. 因偶然原因在事故现场受到损害的其他人

4. 经营者提供商品或者服务，使消费者或者其他人受到人身伤害的，应当支付 （　　）
   A. 医疗费
   B. 治疗期间的护理费
   C. 因误工减少的收入
   D. 抚养费

◆ 案例题

1. 小张在某百货商店逛时，买了一件纯羊毛大衣。大衣为打折出售，售价1280元，商店标注为换季商品，概不退换。但小张穿了三天后就发现衣服起满毛球，于是拿着衣服到相关机构检验：鉴定结果证明该大衣所用原料为100%腈纶。小张拿着鉴定结果到购买衣服的百货商店要求退货并赔偿因此而造成的损失。商店回答称，小张当时购买衣服时就和她说了，且也标明了衣服是换季商品，概不退换；而且该销售柜是出租给个体户的，现在个体户已破产，租借柜台的费用也没有付清，人也找不到，小张只能自认倒霉。

问：（1）商店（经营者）违反了我国《消费者权益保护法》的哪些内容？

（2）商店对小张应负哪些责任？

参考答案

六、结社权

◈ **知识点提炼**

结社权　如何结社

◈ **知识点详解**

结社权　《消费者权益保护法》第十二条规定："消费者享有依法成立维护自身合法权益的社会组织的权利。"消费者依法成立维护自身合法权益的社会组织，是公民结社自由在《消费者权益保护法》中的具体体现。消费者依法定程序自发、自主结社，政府对此不应限制。消费者组织是沟通政府和消费者的桥梁，可以向消费者提供消费信息和咨询服务，受理消费者的投诉，形成对经营者的社会监督。政府在制定有关消费者方面的政策和法律时，应征求消费者组织的意见。我国的消费者组织主要是中国消费者协会和地方消费者协会。

如何结社　由于社会团体涉及面广、影响范围大，直接与社会的政治、经济生活发生联系，因此，国家十分重视对社会团体的指导和管理，实行成立社团组织登记制。任何公民在行使结社自由权，成立社会团体时，都必须依法向国家有关主管部门进行申请登记。

消费者组织必须遵守宪法、法律、法规和国家政策，不得损害国家、社会的利益及其他组织、公民的合法权益。要申请成立保护消费者权益的社会团体，应当依照《社会团体登记管理条例》的规定向登记管理机关提交下列材料：登记申请书；业务主管单位的批准文件；验资报告、场所使用权证明；发起人和拟任负责人的基本情况、身份证明；章程草案。消费者社会团体具备法人条件的，在批准登记后，取得法人资格。

◈ **选择题**

1.消费者结社权是指　　　　　　　　　　　　　　　　　（　　）

  A.消费者享有依法成立合法社会团体的权利

  B.消费者享有依法成立消费者组织的权利

  C.为维护自身合法权益，消费者享有依法成立各种社会团体的权利

  D.为维护自身合法权益，消费者享有依法成立消费者组织的权利

2. 根据《消费者权益保护法》，消费者结社权的内容是 （　　）

 A. 消费者有权结成各种形式的团体

 B. 消费者有权参加各种形式的团体

 C. 消费者有权结成与经营者对抗、要求维护自身权益的团体

 D. 消费者有权依法成立维护自身合法权益的社会团体

参考答案

七、获得知识权

◈ 知识点提炼

获得知识权　消费知识　.

◈ 知识点详解

获得知识权　获得知识权是从知悉真情权中引申出来的一种消费者权利。依据《消费者权益保护法》第十三条的规定，消费者享有获得有关消费和消费者权益保护方面知识的权利。消费者应当努力掌握所需商品或者服务的有关知识和使用技能，正确使用商品，提高自我保护意识。

消费知识　消费者获得的知识包括两个方面。一方面，是获得有关消费方面知识的权利。所谓消费方面的知识范围很广，主要有以下几点：（1）有关消费者自身态度的知识。消费者的消费心理应和经济水平相适应，以便科学地指导自己的消费行为。（2）有关商品和服务的基本知识。随着科学技术的发展，现代商品和服务越来越复杂精细，消费者如没有这方面的知识，难免会上当或得不到自己满意的服务。（3）有关市场的基本知识。另一方面，是获得有关消费者权益保护方面知识的权利。这主要是指有关消费者权益保护的法律、法规和政策，消费者权益的保护机构，以及消费者与经营者发生争议时解决问题的途径等方面的知识。

◈ 选择题

1. 根据《消费者权益保护法》的相关规定，消费者享有获得知识权，包括（　　）
   A. 有关商品的基本知识
   B. 消费者权益保护的机构
   C. 争议的解决办法
   D. 有权进行比较各种商品

2. 以下哪项不属于消费者获得知识权的内容？（　　）
   A. 消费者权利的知识
   B. 消费争议解决的知识
   C. 商品优劣鉴别的知识
   D. 经营者的刑事犯罪记录

◈ 案例题

1. 何某于8月23日在家具公司定购某著名产地生产的红木家具一套，价格5万元，支付定金5000元，合同规定于10月30日前交货。但在合同履行前，何某在追踪产品质量时发现，所谓"某地"实为"另一地"，这属于欺骗消费者产地的行为。

为此，何某向有关部门投诉并要求依法赔偿。当地工商行政管理部门据此对商家作出罚款5000元的行政处罚。此后，何某又向法院提出赔偿请求。

何某根据《消费者权益保护法》第五十五条的规定，"经营者提供商品或者服务有欺诈行为的，应当按照消费者的要求增加赔偿其受到的损失，增加赔偿的金额为消费者购买商品的价款或者接受服务的费用的三倍"，提出退还定金，并根据价款赔偿15万元。但厂方认为何某只付出5000元定金，最多只能按定金罚则"退一赔一"。最后法院的判决是"退一赔一"，厂方向何某退回5000元定金再赔偿5000元。

问：（1）法院作出此判决的理由是什么？

（2）何某作为消费者以后在面临此类问题时应如何正确提出自身诉求？

参考答案

八、受尊重权

◈ **知识点提炼**

受尊重权　金融消费者受尊重权

◈ **知识点详解**

受尊重权　《消费者权益保护法》第十四条明确规定，消费者在购买、使用商品和接受服务时，享有其人格尊严、民族风俗习惯得到尊重的权利。这是消费者在保障人身权利方面的一项重要权利，是宪法基本原则的具体体现。因此，经营者应尊重消费者的姓名权、名誉权、肖像权等。经营者不得对消费者进行辱骂、诽谤、诋毁、非法搜查、拘禁等行为。

金融消费者受尊重权　2015 年 11 月，国务院办公厅发布《关于加强金融消费者权益保护工作的指导意见》，明确了金融机构在消费者权益保护工作方面的行为规范，要求金融机构充分尊重并自觉保障金融消费者的八项基本权利，其中对金融消费者的受尊重权进行了规定："金融机构应当尊重金融消费者的人格尊严和民族风俗习惯，不得因金融消费者性别、年龄、种族、民族或国籍等不同进行歧视性差别对待。"

◈ **选择题**

1. 经营者侵害消费者人格尊严，侵犯消费者人身自由的，应当_____，并赔偿损失。　　　　　　　　　　　　　　　　　　　　　　　（　　）

　　A. 停止侵害

　　B. 恢复名誉

　　C. 清除影响

　　D. 赔礼道歉

2. 受尊重权是指消费者在购买、使用商品和接受服务时，享有其_____得到尊重的权利。　　　　　　　　　　　　　　　　　　　（　　）

　　A. 人格尊严

　　B. 人身自由

　　C. 阶级地位

　　D. 职位及薪资

　　E. 民族风俗习惯

◆ 案例题

1. 小刘因结婚需要，到兰山区某金店选购首饰。在试戴一款项链时，她不小心将首饰标签蹭下，掉进内衣里。销售人员陪同小刘到卫生间寻找掉进内衣里的标签。但小刘在脱衣服找标签的过程中，不慎将商品标签掉进卫生间马桶内。为此，小刘提出对于自己的失误可以予以赔偿，但销售人员却说首饰标签都是经权威部门鉴定后出具的，无法补证，强迫小刘将掉进马桶内的标签捡出，否则不许离开。无奈之下，小刘在销售人员的监视下，将标签从马桶内捡出，冲洗干净返还后，才被准许离开。

问：金店销售人员的行为是否符合法律规定？

参考答案

九、监督权

◈ **知识点提炼**

监督权　查询、申诉权　绿色通道

◈ **知识点详解**

监督权　《消费者权益保护法》第十五条规定：

"消费者享有对商品和服务以及保护消费者权益工作进行监督的权利。

"消费者有权检举、控告侵害消费者权益的行为和国家机关及其工作人员在保护消费者权益工作中的违法失职行为，有权对保护消费者权益工作提出批评、建议。"

查询、申诉权　《产品质量法》第二十二条规定："消费者有权就产品质量问题，向产品的生产者、销售者查询；向市场监督管理部门及有关部门申诉，接受申诉的部门应当负责处理。"

绿色通道　《浙江省实施〈中华人民共和国消费者权益保护法〉办法》第三十五条规定："大型商场、大型超市、商品交易市场、网络交易平台、电视购物平台、公共服务企业、旅游景区等消费集中的场所，应当建立快速处理消费争议的绿色通道，工商行政管理部门、消费者权益保护委员会应当予以指导。"

◈ **选择题**

1. 下列选项中，属于行使消费者监督权的是　　　　　　　（　　）

A. 员工向税务部门揭发本单位偷税漏税

B. 客户向商家询问商品的真实情况

C. 顾客向工商部门举报制假售假商家

D. 全国人大检查组开展水污染防治检查

2. 消费者有权＿＿＿＿侵害消费者权益的行为。　　　　（　　）

A. 检举

B. 批评

C. 控告

D. 建议

3. 浙江省哪些场所应当建立快速处理消费争议的绿色通道？（　　）

A. 大型商场

B. 大型超市

C. 商品交易市场

D. 网络交易平台

◆ **案例题**

1. 韩某先后在一些报刊上发表了一系列论述矿泉壶有害健康的文章，提醒消费者"慎用"和"当心"，并对相关公司的广告点名进行了批评。后相关的甲、乙公司以韩某侵害其名誉权为由，向太原市中级人民法院提起诉讼。

问：甲、乙公司提起诉讼是否有合理的法律依据？

参考答案

十、反悔权

◆ **知识点提炼**

反悔权　反悔权特征　反悔权的意义　反悔权的权利边界

◆ **知识点详解**

反悔权　这是消费者知情权、选择权的延伸，只能由消费者享有，经营者不享有。具体含义表现为消费者在合同订立后，如果发现商品不合心意，具备在一定期限内单方面、无条件地解除合同的权利，不用承担任何违约责任。该权利保护了处于弱势地位的消费者。

反悔权特征

（1）权利的法定性。消费者的反悔权，由《消费者权益保护法》第二十五条明确规定。反悔权的设立是根据民法中的公平原则来维护市场秩序，从而为交易双方中处于弱势地位的消费者给予倾向性保护。

（2）权利主体的单方性。反悔权行使的主体是消费者，而非与之相对应的经营者或商家。

（3）权利行使的无因性。权利的行使不以经营者违约或产品有缺陷为前提，也不以当事人意思表示不真实为条件，只要在法律法规规定的范围内和期限内，消费者即可行使反悔权而无需说明任何理由，要求退货。

（4）权利行使的无责性。即消费者在向商家提出解除合同的请求后，不需要支付任何的违约金或者补偿款。但无责性并不意味着消费者可以无限制地滥用权利，在行使反悔权的过程中，消费者损坏商品而产生的费用和运费，需由消费者承担。

反悔权的意义

（1）矫正交易不公。因为消费者处于天然的弱势地位，而卖家因为商品在自己的手中，清楚自己的商品情况，具有"卖家优势"，因此往往会形成商品信息不完整、价格信号出错的情况。尤其是在线上购物时，消费者不能完全了解商品的真实性能、品质，商品的更多信息只有消费者购买且使用之后才能了解到，从而无法真正实现选择权。赋予消费者反悔权是给消费者一个冷静期，这样能够纠正信息不对称造成的资源错配现象，最大程度保护消费者权益。

（2）利于繁荣市场经济。消费者所获得的反悔权将会使一些商家面临退换货的风险，为了减少损失，商家将尽力保证自己商品质量可靠、价格优惠、售后完善。由此可见，反悔权是对商家的一种鞭策，利于繁荣市场经济。

反悔权的权利边界

（1）范围局限。为了防止权利滥用，法律也为反悔权设置了一定的权利边界。

反悔权的权利范围局限于那些信息不对称的交易领域，如网络、电话、电视、邮购等方式的购物；而药品、生鲜、食品、报刊等商品则除外，因为这些商品购买后即使有正当理由，但退货再售出可能会造成不必要的损耗或产生安全问题，这对经营者来说是不公平的，故不适用反悔权。

（2）时间局限。消费者行使反悔权根据《消费者权益保护法》第二十五条的规定为收到商品之日起七日内，行使期间不得随意中断或延长，当该期限届满时，不论何种事由，反悔权即消灭。

◈ **选择题**

1. 七天无理由退货属于保障消费者的哪项权益？　　　　　　　　　（　　）
   A. 知情权
   B. 个人信息权
   C. 反悔权
   D. 公平交易权

◈ **案例题**

1. 案例一：小花在某网站购买电脑一台，使用第二天发现电脑存在质量问题，要求换货。卖家经质量检测发现电脑确实存在质量问题，同意换货。小花在使用新换电脑的过程中，又发现电脑卡槽存在插不进卡的现象，于是再次要求退货。然而，卖家检测该电脑发现不存在质量问题，于是不同意退货。小花认为，第二台新换的电脑确实存在插不进卡的现象，况且就算不存在质量问题，根据《消费者权益保护法》的规定，网购商品也可七天内无条件退货。

案例二：在网络上退完货的小花又在某线下实体店购买电脑一台，使用第三天发现电脑风扇声音过大，小花觉得电脑存在质量问题，要求退货。卖家认为，电脑风扇的声音属于正常范围，电脑不存在质量问题。小花气不过，带着电脑前往某检测中心检测，但即使最终结果证明了电脑存在质量问题，卖家也不同意退货。

问：以上两次购买经历，同样是购买电脑，同样是以质量问题要求退货，结果却不同。网购与实购，根据《消费者权益保护法》的规定，退货有什么不同？

参考答案

十一、个人信息受保护权

◈ 知识点提炼

个人信息受保护权　消费者权益中的个人信息　网络安全中的个人信息

◈ 知识点详解

个人信息受保护权　根据《消费者权益保护法》第十四条的规定，消费者在购买、使用商品和接受服务时，享有个人信息依法得到保护的权利。

消费者权益中的个人信息　根据《侵害消费者权益行为处罚办法》第十一条第二款的规定，消费者个人信息是指经营者在提供商品或者服务活动中收集的消费者姓名、性别、职业、出生日期、身份证件号码、住址、联系方式、收入和财产状况、健康状况、消费情况等能够单独或者与其他信息结合识别消费者的信息。

网络安全中的个人信息　根据《中华人民共和国网络安全法》第七十六条的规定，个人信息是指以电子或者其他方式记录的能够单独或者与其他信息结合识别自然人个人身份的各种信息，包括但不限于自然人的姓名、出生日期、身份证件号码、个人生物识别信息、住址、电话号码等。

◈ 选择题

1. 新版的消费者权益保护法首次将保护消费者的个人信息确认为经营者的一项义务。该法规定，经营者收集、使用消费者个人信息，应明示收集、使用信息的目的、方式和范围，并经消费者同意；经营者及其工作人员对收集的消费者个人信息必须严格保密，不得泄露、出售或者非法向他人提供。这一规定，旨在保护公民的　　　　　　（　　）

    A. 自主选择权

    B. 公平交易权

    C. 隐私权

    D. 名誉权

2. 消费者在购买、使用商品和接受服务时，享有＿＿＿＿＿＿得到尊重的权利，享有＿＿＿＿＿＿依法得到保护的权利。（　　）

    A. 人格尊严、民族风俗习惯，财产安全

    B. 人格尊严、个人消费习惯，个人信息

    C. 人格尊严、民族风俗习惯，个人信息

    D. 人格尊严、个人消费习惯，财产安全

◆ **案例题**

1. 2019 年 3 月，山东省淄博市博山区市场监管局连续接到群众举报，反映青岛众鑫建晟工贸有限公司涉嫌未经消费者同意向其发送商业性信息。经查，该公司通过博山区某电器批发商行，取得曾购买过电器产品的客户名单及电话联系方式 1500条，未经消费者同意，通过拨打电话、发短信等方式推销多功能消毒清洗机。

问：该公司是否侵犯了消费者的个人信息受保护权？

参考答案

第三章　消费者权利的消费者组织保护

一、消费者协会

◆ **知识点提炼**

消费者协会　消费者协会履行职责　消费者协会禁止性业务　公益诉讼　支持起诉

◆ **知识点详解**

消费者协会　根据《消费者权益保护法》第三十六条的规定，消费者协会是依法成立的对商品和服务进行社会监督的保护消费者合法权益的社会组织。

消费者协会履行职责　根据《消费者权益保护法》第三十六条的规定，消费者协会履行下列公益性职责：

（1）向消费者提供消费信息和咨询服务，提高消费者维护自身合法权益的能力，引导文明、健康、节约资源和保护环境的消费方式。

（2）参与制定有关消费者权益的法律、法规、规章和强制性标准。

（3）参与有关行政部门对商品和服务的监督、检查。

（4）就有关消费者合法权益的问题，向有关部门反映、查询，提出建议。

（5）受理消费者的投诉，并对投诉事项进行调查、调解。

（6）投诉事项涉及商品和服务质量问题的，可以委托具备资格的鉴定人鉴定，鉴定人应当告知鉴定意见。

（7）就损害消费者合法权益的行为，支持受损害的消费者提起诉讼或者依照《消费者权益保护法》提起诉讼。

（8）对损害消费者合法权益的行为，通过大众传播媒介予以揭露、批评。

消费者协会禁止性业务　根据《消费者权益保护法》第三十八条的规定，消费者组织不得从事商品经营和营利性服务，不得以收取费用或者其他牟取利益的方式向消费者推荐商品和服务。

公益诉讼　根据《消费者权益保护法》第四十七条的规定，对侵害众多消费者合法权益的行为，中国消费者协会以及在省、自治区、直辖市设立的消费者协会，可以向人民法院提起诉讼。

支持起诉 根据《产品质量法》第二十三条的规定，保护消费者权益的社会组织可以就消费者反映的产品质量问题建议有关部门负责处理，支持消费者对因产品质量造成的损害向人民法院提起诉讼。

◈ 选择题

1. 以下单位中有权对损害消费者合法权益的行为进行社会监督的是 （　　）
   A. 消费者协会
   B. 工商行政管理局
   C. 行业协会
   D. 任何单位和个人

2. 根据我国《消费者权益保护法》的规定，消费者协会不得从事的服务有（　　）
   A. 以牟利为目的推荐商品和服务
   B. 有偿调解消费者与经营者的矛盾
   C. 参与行政部门对商品的检查
   D. 向有关行政部门反映、建议
   E. 支持受害的消费者提起诉讼

3. 我国消费者协会的性质是什么？ （　　）
   A. 是保护消费者权益的法定组织
   B. 是对商品和服务进行社会监督的保护消费者合法权益的社会团体
   C. 是对商品和服务进行社会监督的保护消费者合法权益的法定组织
   D. 是对商品和服务进行社会监督的保护消费者合法权益的依法设立的政府机关

◈ 案例题

1. 李先生购买了某公司生产的按摩椅，但使用一年多后按摩椅就出现停滞、接触不良等问题。李先生多次将按摩椅送往生产厂家修理，但仍故障频频，李先生无奈将其收入储藏间不再使用。上周，按摩椅生产厂家宣布因质量原因，全球召回该款按摩椅，但召回区域不包括中国。李先生看着新闻叹了口气：怎么办呢？为了一台半旧的按摩椅花钱费时间打官司太不合算了。

问：这种情况下消费者协会可以怎么做？

参考答案

二、消费者权益保护委员会 ①

◈ **知识点提炼**

消费者权益保护委员会　消费者权益保护委员会职责　投诉流程

◈ **知识点详解**

消费者权益保护委员会　根据《浙江省实施〈中华人民共和国消费者权益保护法〉办法》第四条的规定，省、设区的市和县（市、区）依法成立消费者权益保护委员会；消费者权益保护委员会履行职责所需经费列入同级财政预算；消费者权益保护委员会由有关部门和行业协会、新闻单位、社会团体与消费者代表等组成，可以根据工作需要设立专业委员会。

消费者权益保护委员会职责　根据《浙江省实施〈中华人民共和国消费者权益保护法〉办法》第五条的规定，消费者权益保护委员会履行下列公益性职责：

（1）对商品和服务的质量、价格、售后服务和消费者的意见进行调查、比较、分析，并公布结果。

（2）对消费者因合法权益受到损害而依法提起诉讼或者申请仲裁的，提供支持和帮助。

（3）对侵害消费者权益的经营者进行约谈，通过大众传播媒介对侵害消费者权益的行为予以劝谕、揭露、批评。

（4）推动行业协会就商品或服务的质量、售后责任等作出有利于消费者的行业约定或承诺。

（5）法律、法规规定的其他公益性职责。

投诉流程　根据《浙江省实施〈中华人民共和国消费者权益保护法〉办法》第三十二条的规定，消费者就消费者权益争议向消费者权益保护委员会投诉的，流程如下：

（1）消费者权益保护委员会应当自接到投诉之日起五个工作日内按照规定作出是否受理的决定。

（2）消费者权益保护委员会受理投诉后，应当在十个工作日内进行调解。达成调解协议的，当事人应当按照调解协议履行。

（3）行政管理部门对消费者权益保护委员会提出的查询，应当在五个工作日内作出答复。拒不答复的，消费者权益保护委员会可以向有关行政管理部门的本级人民政府或者其上级行政机关报告，也可以通过大众传播媒介予以披露。

---

① 针对《消费者权益保护法》，各地有相应的实施办法，对消费者权益保护委员会也有不同规定，此处以浙江省为例。

选择题

1. 消费者权益保护委员会由以下哪些主体组成？ （ ）

    A. 有关政府部门

    B. 消费者代表

    C. 行业协会

    D. 包括但不限于上述主体

2. 消费者权益保护委员会接收投诉的，应当自接到投诉之日起_____内作出是否受理的决定。 （ ）

    A. 5 日

    B. 7 日

    C. 5 个工作日

    D. 7 个工作日

3. 行政管理部门对消费者权益保护委员会提出的查询拒不答复的，消费者权益保护委员会可以向_____报告。 （ ）

    A. 本级人民政府

    B. 上一级消费者权益保护委员会

    C. 上级行政机关

    D. 有关行政管理部门的本级人民政府或者其上级行政机关

案例题

1. 2019 年 3 月，倪某等 3 名学员报名参加了丽水市区某形象设计服务有限公司举办的美容化妆培训班，共交了近 2 万元的培训费用。在学习了一段时间后，她们认为培训机构的学习内容不符合她们预期的要求，无法达到学习效果，于是向培训机构提出申请，要求退学并退回学费。但培训机构以学员在交费时就已明确告知参加培训后概不退款为理由拒绝退费。双方协商不成。

问：倪某可通过什么途径进行维权？

参考答案

第四章 消费者权利的经营者保护

一、依法经营的义务

◈ 知识点提炼

依法经营　食品生产经营要求　食品、食品添加剂与食品相关产品的禁止生产经营范围　食品生产经营许可　对食品生产加工小作坊与食品摊贩等经营者的管理　特殊食品的监督管理　保健食品的注册与备案制度　保健食品注册与备案的具体要求　进口尚无食品安全国家标准的食品及"三新"产品的要求　对进出口食品商、代理商与境外食品生产企业的管理

◈ 知识点详解

依法经营　是指经营者在从事商品经营活动时应当遵守法律法规的有关规定。企业经营的先决条件是企业的生存和持续经营，然后是持续取得利益，循环往复，持续发展。但这些都必须建立在依法经营的基础上，否则企业的经营活动只会是短期行为。

《消费者权益保护法》第十六条规定：

"经营者向消费者提供商品或者服务，应当依照本法和其他有关法律、法规的规定履行义务。

"经营者和消费者有约定的，应当按照约定履行义务，但双方的约定不得违背法律、法规的规定。

"经营者向消费者提供商品或者服务，应当恪守社会公德，诚信经营，保障消费者的合法权益；不得设定不公平、不合理的交易条件，不得强制交易。"

食品生产经营要求　《中华人民共和国食品安全法》①第三十三条规定：

"食品生产经营应当符合食品安全标准，并符合下列要求：

"（一）具有与生产经营的食品品种、数量相适应的食品原料处理和食品加工、包装、贮存等场所，保持该场所环境整洁，并与有毒、有害场所以及其他污染源保持规定的距离；

---

① 简称《食品安全法》。

"（二）具有与生产经营的食品品种、数量相适应的生产经营设备或者设施，有相应的消毒、更衣、盥洗、采光、照明、通风、防腐、防尘、防蝇、防鼠、防虫、洗涤以及处理废水、存放垃圾和废弃物的设备或者设施；

"（三）有专职或者兼职的食品安全专业技术人员、食品安全管理人员和保证食品安全的规章制度；

"（四）具有合理的设备布局和工艺流程，防止待加工食品与直接入口食品、原料与成品交叉污染，避免食品接触有毒物、不洁物；

"（五）餐具、饮具和盛放直接入口食品的容器，使用前应当洗净、消毒，炊具、用具用后应当洗净，保持清洁；

"（六）贮存、运输和装卸食品的容器、工具和设备应当安全、无害，保持清洁，防止食品污染，并符合保证食品安全所需的温度、湿度等特殊要求，不得将食品与有毒、有害物品一同贮存、运输；

"（七）直接入口的食品应当使用无毒、清洁的包装材料、餐具、饮具和容器；

"（八）食品生产经营人员应当保持个人卫生，生产经营食品时，应当将手洗净，穿戴清洁的工作衣、帽等；销售无包装的直接入口食品时，应当使用无毒、清洁的容器、售货工具和设备；

"（九）用水应当符合国家规定的生活饮用水卫生标准；

"（十）使用的洗涤剂、消毒剂应当对人体安全、无害；

"（十一）法律、法规规定的其他要求。

"非食品生产经营者从事食品贮存、运输和装卸的，应当符合前款第六项的规定。"

食品、食品添加剂与食品相关产品的禁止生产经营范围 《食品安全法》第三十四条规定：

"禁止生产经营下列食品、食品添加剂、食品相关产品：

"（一）用非食品原料生产的食品或者添加食品添加剂以外的化学物质和其他可能危害人体健康物质的食品，或者用回收食品作为原料生产的食品；

"（二）致病性微生物，农药残留、兽药残留、生物毒素、重金属等污染物质以及其他危害人体健康的物质含量超过食品安全标准限量的食品、食品添加剂、食品相关产品；

"（三）用超过保质期的食品原料、食品添加剂生产的食品、食品添加剂；

"（四）超范围、超限量使用食品添加剂的食品；

"（五）营养成分不符合食品安全标准的专供婴幼儿和其他特定人群的主辅食品；

"（六）腐败变质、油脂酸败、霉变生虫、污秽不洁、混有异物、掺假掺杂或者感官性状异常的食品、食品添加剂；

"（七）病死、毒死或者死因不明的禽、畜、兽、水产动物肉类及其制品；

"（八）未按规定进行检疫或者检疫不合格的肉类，或者未经检验或者检验不合格的肉类制品；

"（九）被包装材料、容器、运输工具等污染的食品、食品添加剂；

"（十）标注虚假生产日期、保质期或者超过保质期的食品、食品添加剂；

"（十一）无标签的预包装食品、食品添加剂；

"（十二）国家为防病等特殊需要明令禁止生产经营的食品；

"（十三）其他不符合法律、法规或者食品安全标准的食品、食品添加剂、食品相关产品。"

食品生产经营许可 《食品安全法》第三十五条规定：

"国家对食品生产经营实行许可制度。从事食品生产、食品销售、餐饮服务，应当依法取得许可。但是，销售食用农产品和仅销售预包装食品的，不需要取得许可。仅销售预包装食品的，应当报所在地县级以上地方人民政府食品安全监督管理部门备案。

"县级以上地方人民政府食品安全监督管理部门应当依照《中华人民共和国行政许可法》的规定，审核申请人提交的本法第三十三条第一款第一项至第四项规定要求的相关资料，必要时对申请人的生产经营场所进行现场核查；对符合规定条件的，准予许可；对不符合规定条件的，不予许可并书面说明理由。"

对食品生产加工小作坊与食品摊贩等经营者的管理 《食品安全法》第三十六条规定：

"食品生产加工小作坊和食品摊贩等从事食品生产经营活动，应当符合本法规定的与其生产经营规模、条件相适应的食品安全要求，保证所生产经营的食品卫生、无毒、无害，食品安全监督管理部门应当对其加强监督管理。

"县级以上地方人民政府应当对食品生产加工小作坊、食品摊贩等进行综合治理，加强服务和统一规划，改善其生产经营环境，鼓励和支持其改进生产经营条件，进入集中交易市场、店铺等固定场所经营，或者在指定的临时经营区域、时段经营。

"食品生产加工小作坊和食品摊贩等的具体管理办法由省、自治区、直辖市制定。"

特殊食品的监督管理 《食品安全法》第七十四条规定："国家对保健食品、特殊医学用途配方食品和婴幼儿配方食品等特殊食品实行严格监督管理。"

保健食品的注册与备案制度 《食品安全法》第七十六条规定：

"使用保健食品原料目录以外原料的保健食品和首次进口的保健食品应当经国务院食品安全监督管理部门注册。但是，首次进口的保健食品中属于补充维生素、矿物质等营养物质的，应当报国务院食品安全监督管理部门备案。其他保健食品应当报省、自治区、直辖市人民政府食品安全监督管理部门备案。

"进口的保健食品应当是出口国（地区）主管部门准许上市销售的产品"。

保健食品注册与备案的具体要求 《食品安全法》第七十七条规定：

"依法应当注册的保健食品，注册时应当提交保健食品的研发报告、产品配方、生产工艺、安全性和保健功能评价、标签、说明书等材料及样品，并提供相关证明文件。国务院食品安全监督管理部门经组织技术审评，对符合安全和功能声称要求的，准予注册；对不符合要求的，不予注册并书面说明理由。对使用保健食品原料目录以外原料的保健食品作出准予注册决定的，应当及时将该原料纳入保健食品原料目录。

"依法应当备案的保健食品，备案时应当提交产品配方、生产工艺、标签、说明书以及表明产品安全性和保健功能的材料。"

进口尚无食品安全国家标准的食品及"三新"产品的要求 《食品安全法》第九十三条规定：

"进口尚无食品安全国家标准的食品，由境外出口商、境外生产企业或者其委托的进口商向国务院卫生行政部门提交所执行的相关国家（地区）标准或者国际标准。国务院卫生行政部门对相关标准进行审查，认为符合食品安全要求的，决定暂予适用，并及时制定相应的食品安全国家标准。进口利用新的食品原料生产的食品或者进口食品添加剂新品种、食品相关产品新品种，依照本法第三十七条的规定办理。

"出入境检验检疫机构按照国务院卫生行政部门的要求，对前款规定的食品、食品添加剂、食品相关产品进行检验。检验结果应当公开。"

对进出口食品商、代理商与境外食品生产企业的管理 《食品安全法》第九十四条规定：

"境外出口商、境外生产企业应当保证向我国出口的食品、食品添加剂、食品相关产品符合本法以及我国其他有关法律、行政法规的规定和食品安全国家标准的要求，并对标签、说明书的内容负责。

"进口商应当建立境外出口商、境外生产企业审核制度，重点审核前款规定的内容；审核不合格的，不得进口。

"发现进口食品不符合我国食品安全国家标准或者有证据证明可能危害人体健康的，进口商应当立即停止进口，并依照本法第六十三条的规定召回。"

◆ **选择题**

1. 以下行为符合依法经营义务的是　　　　　　　　　　　　　（　　）

    A. 甲在自己开设的洗浴中心中贩卖海洛因

    B. 乙未经行政许可在自己的小卖店中出售香烟

    C. 丙在自己开设的服装店内要求顾客试了衣服就必须买

    D. 丁经合法工商许可开设了一家煎饼店

◆ **案例题**

1. 孙某系成都某火锅店老板。因成都火锅市场竞争惨烈，孙某在某晚突发奇想，认为若在火锅底料内加入微量大麻定能让客户上瘾，长此以往，回头客必然增多，生意自然火爆。于是孙某走私大麻200克并每次取微量放入火锅底料内供食客"享用"。果不其然，食客因食用大麻而上瘾，并多次在火锅店消费。后因事情败露，孙某的火锅店被查封。

问:（1）孙某的行为是否履行了依法经营的义务?

　　（2）孙某的行为是否应当被追究刑事责任?

参考答案

二、接受消费者监督的义务

◈ **知识点提炼**

消费者监督

◈ **知识点详解**

消费者监督 也称舆论监督管理，是指生产经营者在经营活动中须接受消费者和社会舆论对其商品经营、服务提供以及各种经营行为的监督。《消费者权益保护法》第十七条规定："经营者应当听取消费者对其提供的商品或者服务的意见，接受消费者的监督。"

◈ **选择题**

1. 以下行为属于经营者接受消费者监督的是 （　　）
   A. 李某在吃早餐时发现豆浆里有一只苍蝇，于是要老板给出合理解释，老板随即直接吃掉豆浆里的苍蝇并反问道："你说的苍蝇在哪里？"
   B. 马某在小卖店购买了一包干脆面后发现该商品已经过期，随即返回商家要求退货并退款，商家拒不承认其出售过期商品并强行将马某赶出
   C. 黄某想要购买一双带有气垫的运动鞋，当其到某专柜询问时，售货员称某款式运动鞋内部含有气垫且正在以2折出售。黄某购买并穿了一周后，感到脚底不适，当晚将鞋底拆开发现鞋里并没有气垫。次日早上，黄某找到商家理论，售货员辩称："2折买的东西别那么认真！"
   D. 石某在网上购买真皮皮带后发现该皮带系人造革材质，随后商家急速换货并赔礼道歉，还赠送了石某一张会员卡

◈ **案例题**

1. 李某和冯某为新婚夫妻，两人在登记结婚后前往成都度蜜月，在出发前提前订好了位于成都繁华地段的酒店。但到达成都入住酒店后，夫妻两人发现酒店房间与图片不符，且隔音较差，屋内竟发现蟑螂。两人申请退款，但商家拒绝退款。他们在入住一晚退房后果断给出一星差评，随后酒店经营者开始对冯某进行持续性的电话骚扰并带有侮辱、谩骂，夫妻二人报警并向工商部门举报。

问：（1）本案经营者是否履行了接受消费者监督的义务？

（2）经营者是否应当承担违约责任？

三、保障产品质量的义务

◆ 知识点提炼

产品质量 网络食品交易第三方平台提供者的义务 食用农产品批发市场对产品的抽样检验义务 食用农产品进货查验记录制度 进口食品、食品添加剂与食品相关产品的要求 赠品与免费服务

◆ 知识点详解

产品质量 指的是在商品经济范畴，企业依据特定的标准，对产品进行规划、设计、制造、检测、计量、运输、储存、销售、售后服务、生态回收等全程的必要的信息披露。不论是简单产品还是复杂产品，都应当用产品质量特性或特征去描述。产品质量特性依产品的特点而异，表现的参数和指标也多种多样，反映用户使用需要的质量特性归纳起来一般有六个方面，即性能、寿命（耐用性）、可靠性与维修性、安全性、适应性、经济性。

《消费者权益保护法》第二十三条规定：

"经营者应当保证在正常使用商品或者接受服务的情况下其提供的商品或者服务应当具有的质量、性能、用途和有效期限；但消费者在购买该商品或者接受该服务前已经知道其存在瑕疵，且存在该瑕疵不违反法律强制性规定的除外。

"经营者以广告、产品说明、实物样品或者其他方式表明商品或者服务的质量状况的，应当保证其提供的商品或者服务的实际质量与表明的质量状况相符。

"经营者提供的机动车、计算机、电视机、电冰箱、空调器、洗衣机等耐用商品或者装饰装修等服务，消费者自接受商品或者服务之日起六个月内发现瑕疵，发生争议的，由经营者承担有关瑕疵的举证责任。"

网络食品交易第三方平台提供者的义务 《食品安全法》第六十二条规定：

"网络食品交易第三方平台提供者应当对入网食品经营者进行实名登记，明确其食品安全管理责任；依法应当取得许可证的，还应当审查其许可证。

"网络食品交易第三方平台提供者发现入网食品经营者有违反本法规定行为的，应当及时制止并立即报告所在地县级人民政府食品安全监督管理部门；发现严重违法行为的，应当立即停止提供网络交易平台服务。"

食用农产品批发市场对产品的抽样检验义务 《食品安全法》第六十四条规定：

"食用农产品批发市场应当配备检验设备和检验人员或者委托符合本法规定的食品检验机构，对进入该批发市场销售的食用农产品进行抽样检验；发现不符合食品安全标准的，应当要求销售者立即停止销售，并向食品安全监督管理部门报告。"

食用农产品进货查验记录制度 《食品安全法》第六十五条规定："食用农产品销

售者应当建立食用农产品进货查验记录制度，如实记录食用农产品的名称、数量、进货日期以及供货者名称、地址、联系方式等内容，并保存相关凭证。记录和凭证保存期限不得少于六个月。"

进口食品、食品添加剂与食品相关产品的要求　《食品安全法》第九十二条规定：

"进口的食品、食品添加剂、食品相关产品应当符合我国食品安全国家标准。

"进口的食品、食品添加剂应当经出入境检验检疫机构依照进出口商品检验相关法律、行政法规的规定检验合格。

"进口的食品、食品添加剂应当按照国家出入境检验检疫部门的要求随附合格证明材料。"

赠品与免费服务　《浙江省实施〈中华人民共和国消费者权益保护法〉办法》第十三条规定：

"经营者提供的赠品或者免费服务，应当符合质量要求；赠品或者免费服务的质量存在瑕疵的，应当向消费者事先说明。

"经营者因其提供商品或者服务的质量问题依法承担退货或者退款责任时，不得要求消费者退还赠品，不得将赠品、免费服务折价抵扣退款。"

◈　选择题

1. 下列情况属于经营者保障产品质量的是　　　　　　　　　　　　（　　）

　　A. 某海鲜商贩将已经变质的海鲜涂抹上辣椒酱遮挡异味继续放在柜台上出售

　　B. 小王在结婚时购买了一台某品牌的洗衣机，经过十几年的使用后洗衣机仍然完好无损，所有零部件均能够正常运作

　　C. 江某在某商场前大肆宣传一款清洁拖布能够清除一切污垢，随后拿出一块拖布现场演示。看到去污效果较强后消费者纷纷购买，但消费者购买到的拖布却与用来宣传的拖布款式不符并且去污效果较差

　　D. 张某花重金购买了一套某知名品牌的陶瓷杯，但他往陶瓷杯中倒热水时陶瓷杯突然炸裂，溅起的水花将其手臂烫伤

◈　案例题

1. 2020 年底，程某出资近三十万购买了某品牌新能源汽车，该新能源汽车款式新颖，外观、内饰设计极具格调，在国际上具有极高知名度。程某在购买汽车一个月后发现该车中控经常出现异响，且续航能力仅为 200 公里，远远不及宣传所称的 600 公里，电子屏幕也经常出现卡顿情况。程某向商家反映情况后商家却称这是因程某使用方法不当所导致的，两方互不相让，遂诉至法庭。

问：（1）若程某确无使用方法不当，商家是否尽到了保障产品质量的义务？

　　（2）若程某确无使用方法不当，商家是否应当承担违约责任？

四、保障消费者安全的义务

◆ **知识点提炼**

经营者的安全保障义务

◆ **知识点详解**

经营者的安全保障义务　经营者有义务保障消费者在购买、使用商品和接受服务时其人身、财产安全不受损害。

《消费者权益保护法》第十八条规定：

"经营者应当保证其提供的商品或者服务符合保障人身、财产安全的要求。对可能危及人身、财产安全的商品和服务，应当向消费者作出真实的说明和明确的警示，并说明和标明正确使用商品或者接受服务的方法以及防止危害发生的方法。

"宾馆、商场、餐馆、银行、机场、车站、港口、影剧院等经营场所的经营者，应当对消费者尽到安全保障义务。"

《浙江省实施〈中华人民共和国消费者权益保护法〉办法》第九条规定：

"宾馆、商场、餐馆、银行、客运场站、影剧院、游泳池、洗浴室、健身房、游乐园、风景区等经营场所的经营者，应当对消费者尽到安全保障义务，为消费者提供安全的消费环境，保证其经营场地、服务设施、店堂装潢、商品陈列、网络环境等符合保障人身、财产安全的要求；对可能危及消费者人身、财产安全的场所和设施，经营者应当以显著的方式设置安全使用说明、警示标识，并采取必要的安全防护措施。

"经营者提供可能危及人身安全的游乐服务的，应当建立安全管理制度和应急预案，按照规定配备安全防护人员并督促其履行职责。消费者的人身、财产遇到危险或者不法侵害时，经营者应当给予及时、必要的救助。"

◆ **选择题**

1. 下列哪一项不属于经营者安全保障义务的内容？　　　　　　（　　）

　A. 经营场所使用的建筑物、配套服务设施、设备应当安全可靠

　B. 经营者应对可能出现的危险采取必要的安全防范措施

　C. 经营者必须保障消费者的所有人身安全和财产安全

　D. 经营者必须勤勉维护服务场所的建筑物、相关配套设施

◈ 案例题

1.石某在杭州工作，由于单位和住所距离较远，他产生了购买汽车的想法。因新能源汽车上牌不受限制，石某经深思熟虑后购买了某知名品牌新能源汽车。石某在驾驶该汽车的第8天时突然遭遇刹车失灵，他用尽全力踩刹车仍不见效果，最后靠强制熄火拉手刹才将汽车控制住。但由于刹车失灵后汽车时速较快，车内安全气囊又无法正常打开，石某的汽车与多台汽车相撞，石某面部遭遇重伤，左腿截肢。

问:（1）新能源汽车经营者是否保障了消费者的人身安全?

（2）消费者能否向经营者主张侵权责任?

参考答案

五、标明真实名称和标记的义务

◆ 知识点提炼

名称 标记 预包装食品标签 经营散装食品的标注要求 转基因食品的标示 食品添加剂的标签、说明书和包装 标签、说明书的基本要求 保健食品的标签与说明书 进口的预包装食品、食品添加剂标签、说明书 生产者生产产品及其包装的标识要求

◆ 知识点详解

名称 是指用以识别某一人或事物的专门称呼。

标记 是指对某一人或事物予以标志或记号。《消费者权益保护法》第二十一条规定：

"经营者应当标明其真实名称和标记。

"租赁他人柜台或者场地的经营者，应当标明其真实名称和标记。"

预包装食品标签 《食品安全法》第六十七条规定：

"预包装食品的包装上应当有标签。标签应当标明下列事项：

"（一）名称、规格、净含量、生产日期；

"（二）成分或者配料表；

"（三）生产者的名称、地址、联系方式；

"（四）保质期；

"（五）产品标准代号；

"（六）贮存条件；

"（七）所使用的食品添加剂在国家标准中的通用名称；

"（八）生产许可证编号；

"（九）法律、法规或者食品安全标准规定应当标明的其他事项。

"专供婴幼儿和其他特定人群的主辅食品，其标签还应当标明主要营养成分及其含量。

"食品安全国家标准对标签标注事项另有规定的，从其规定。"

经营散装食品的标注要求 《食品安全法》第六十八条规定："食品经营者销售散装食品，应当在散装食品的容器、外包装上标明食品的名称、生产日期或者生产批号、保质期以及生产经营者名称、地址、联系方式等内容。"

转基因食品的标示 《食品安全法》第六十九条规定："生产经营转基因食品应当按照规定显著标示。"

食品添加剂的标签、说明书和包装 《食品安全法》第七十条规定："食品添加剂

应当有标签、说明书和包装。标签、说明书应当载明本法第六十七条第一款第一项至第六项、第八项、第九项规定的事项，以及食品添加剂的使用范围、用量、使用方法，并在标签上载明'食品添加剂'字样。"

标签、说明书的基本要求 《食品安全法》第七十一条规定：

"食品和食品添加剂的标签、说明书，不得含有虚假内容，不得涉及疾病预防、治疗功能。生产经营者对其提供的标签、说明书的内容负责。

"食品和食品添加剂的标签、说明书应当清楚、明显，生产日期、保质期等事项应当显著标注，容易辨识。

"食品和食品添加剂与其标签、说明书的内容不符的，不得上市销售。"

保健食品的标签与说明书 《食品安全法》第七十八条规定："保健食品的标签、说明书不得涉及疾病预防、治疗功能，内容应当真实，与注册或者备案的内容相一致，载明适宜人群、不适宜人群、功效成分或者标志性成分及其含量等，并声明'本品不能代替药物'。保健食品的功能和成分应当与标签、说明书相一致。"

进口的预包装食品、食品添加剂标签、说明书 《食品安全法》第九十七条规定："进口的预包装食品、食品添加剂应当有中文标签；依法应当有说明书的，还应当有中文说明书。标签、说明书应当符合本法以及我国其他有关法律、行政法规的规定和食品安全国家标准的要求，并载明食品的原产地以及境内代理商的名称、地址、联系方式。预包装食品没有中文标签、中文说明书或者标签、说明书不符合本条规定的，不得进口。"

生产者生产产品及其包装的标识要求 《产品质量法》第二十七条规定：

"产品或者其包装上的标识必须真实，并符合下列要求：

"（一）有产品质量检验合格证明；

"（二）有中文标明的产品名称、生产厂厂名和厂址；

"（三）根据产品的特点和使用要求，需要标明产品规格、等级、所含主要成分的名称和含量的，用中文相应予以标明；需要事先让消费者知晓的，应当在外包装上标明，或者预先向消费者提供有关资料；

"（四）限期使用的产品，应当在显著位置清晰地标明生产日期和安全使用期或者失效日期；

"（五）使用不当，容易造成产品本身损坏或者可能危及人身、财产安全的产品，应当有警示标志或者中文警示说明。

"裸装的食品和其他根据产品的特点难以附加标识的裸装产品，可以不附加产品标识。"

◈ **选择题**

1.以下属于经营者标明真实名称和标记的是　　　　　　　　　　( )

    A.郑某在某便利店购买了一瓶"雷碧"并发现其并没有生产许可证编号

    B.某保健食品厂生产的钙片包装上注明"本产品可预防新冠病毒"

    C.某面包生产商在其产品包装上标注了产品合格证明、保质期与生产日期等标识

    D.某槟榔生产商未在其产品包装上标注中文警示说明

◈ **案例题**

1.金某想要在超市购买"奥利奥"饼干,他在超市货架上选购商品时以为自己找到了蓝色包装的"奥利奥"饼干。但买回家仔细观察后,金某发现自己购买的是蓝色包装的"粤利粤"饼干,而且包装上没有生产许可编号与生产日期。

  问:(1)经营者是否履行了标明真实名称和标记的义务?

     (2)消费者能否向超市主张违约责任?

参考答案

六、提供真实、全面信息的义务

◈ **知识点提炼**

真实、全面信息　食品广告要求　保健食品广告要求

◈ **知识点详解**

真实、全面信息　经营者在从事商品经营活动时应当对商品、服务信息作全面且真实的描述，不得作虚假宣传，针对消费者有关商品、服务的询问应作如实答复，对商品应当明码标价，不得欺骗消费者。

《消费者权益保护法》第二十条规定：

"经营者向消费者提供有关商品或者服务的质量、性能、用途、有效期限等信息，应当真实、全面，不得作虚假或者引人误解的宣传。

"经营者对消费者就其提供的商品或者服务的质量和使用方法等问题提出的询问，应当作出真实、明确的答复。

"经营者提供商品或者服务应当明码标价。"

食品广告要求　《食品安全法》第七十三条规定：

"食品广告的内容应当真实合法，不得含有虚假内容，不得涉及疾病预防、治疗功能。食品生产经营者对食品广告内容的真实性、合法性负责。

"县级以上人民政府食品安全监督管理部门和其他有关部门以及食品检验机构、食品行业协会不得以广告或者其他形式向消费者推荐食品。消费者组织不得以收取费用或者其他牟取利益的方式向消费者推荐食品。"

保健食品广告要求　《食品安全法》第七十九条规定："保健食品广告除应当符合本法第七十三条第一款的规定外，还应当声明'本品不能代替药物'；其内容应当经生产企业所在地省、自治区、直辖市人民政府食品安全监督管理部门审查批准，取得保健食品广告批准文件。省、自治区、直辖市人民政府食品安全监督管理部门应当公布并及时更新已经批准的保健食品广告目录以及批准的广告内容。"

◈ **选择题**

1.以下属于经营者履行提供商品真实、全面信息义务的是　　　　　　　　（　　）

　　A.某药品生产商在其生产的止咳糖浆包装上标注了使用方法、生产日期、保质期、医学配方与注意事项等必要信息

　　B.孙某在某品牌手机专卖店里相中一款手机，标价为 2599 元，但当孙某和售货员说明购买意向时，售货员却说这台手机售价为 5999 元

C. 王大爷在某保健品推荐会上买了两瓶钙片，在结账时询问保健品公司的销售经理此钙片是否能治疗脑血栓，销售经理给予肯定回答

D. 某卡片生产商生产了一套"长寿卡片"，并宣称使用此卡片在心脏部位划一次就能多活一秒钟

◈ 案例题

1. 鲍大爷家小区门前开了一家"志宏养生学院"，出于好奇和对延年益寿的向往，鲍大爷上门了解。养生学院的经理向鲍大爷推荐了公司内部研发的"长寿鸡蛋"（该种鸡蛋实际为普通生鸡蛋）：鸡蛋5元一个，每天吃两个，吃50个为一个疗程，吃满5个疗程身体机能可大有恢复；如果办理会员还可享受9折优惠。鲍大爷听了后激动不已，在小区内主动向其他人宣传，短短一个月时间，小区内先后有上百位老人购买鸡蛋，养生学院一个月内卖出了3万余枚鸡蛋。三个月后，养生学院突然关门，人走楼空，鲍大爷随后报警。

问：（1）养生学院经营者是否履行了提供商品真实、全面信息的义务？

（2）养生学院的法定代表人是否应当负刑事责任？

参考答案

七、通报与消除产品安全危险的义务

◆ **知识点提炼**

通报　消除

◆ **知识点详解**

通报　经营者在提供商品或服务的过程中若商品或服务产生了安全危险，则经营者有义务采取必要措施及时予以消除从而防止损害产生与扩大，并应当对相关商品进行通报从而保障消费者的知情权与人身、财产安全权。

消除　《消费者权益保护法》第十九条规定："经营者发现其提供的商品或者服务存在缺陷，有危及人身、财产安全危险的，应当立即向有关行政部门报告和告知消费者，并采取停止销售、警示、召回、无害化处理、销毁、停止生产或者服务等措施。采取召回措施的，经营者应当承担消费者因商品被召回支出的必要费用。"

◆ **案例题**

1. 某世界知名汽车生产商发现其投放在中国大陆的某批次车型有换挡卡顿、刹车不灵敏等问题，随即召回该批次车型 5000 台。事后该汽车生产商在网络上向全社会致歉，表示一定会吸取教训，给消费者一个满意的答复。

问：（1）汽车生产商是否具有通报与消除产品安全危险的义务？

（2）消费者因汽车被召回而支出的必要费用由谁承担？

参考答案

八、特定领域经营者的信息披露义务

◆ **知识点提炼**

特定领域　信息披露

◆ **知识点详解**

特定领域　《消费者权益保护法》第二十八条规定："采用网络、电视、电话、邮购等方式提供商品或者服务的经营者，以及提供证券、保险、银行等金融服务的经营者，应当向消费者提供经营地址、联系方式、商品或者服务的数量和质量、价款或者费用、履行期限和方式、安全注意事项和风险警示、售后服务、民事责任等信息。"

信息披露　从事特定领域经营活动的主体有义务将经营者相关信息、商品信息与相关售后信息等其他信息及时告知消费者。

◆ **案例题**

1.黄某在某网络平台上开设网店出售网红零食，消费者购买后发现零食与网络上的描述不符，在网上与商家沟通也无人理会，遂拨打店铺上商家预留的电话，发现该电话号码为空号。

问：（1）黄某是否履行了应尽的信息披露义务？

（2）黄某是否应当向消费者承担违约责任？

参考答案

九、提供购货单据或服务凭证的义务

◆ **知识点提炼**

购货单据与服务凭证

◆ **知识点详解**

购货单据与服务凭证　这是证明经营者提供商品或服务与消费者接受商品或服务的重要凭证，对于维护消费者合法权益与经营者自身合法权益具有重要作用。

《消费者权益保护法》第二十二条规定："经营者提供商品或者服务，应当按照国家有关规定或者商业惯例向消费者出具发票等购货凭证或者服务单据；消费者索要发票等购货凭证或者服务单据的，经营者必须出具。"

◆ **案例题**

1. 赵某、钱某与李某在某烧烤店用餐后向前台索要发票，但前台说他们一共消费 284 元，若不开发票可以抹掉零头，只需支付 280 元。赵某坚持向前台索要发票，前台又说不开发票可送一罐可乐。赵某再一次坚持索要发票后双方产生口角。

问：商家的行为是否构成逃税？

参考答案

十、依法收集和使用个人信息的义务

◆ **知识点提炼**

依法收集、使用个人信息　经营者对消费者的隐私保护义务

◆ **知识点详解**

依法收集、使用个人信息　经营者为保障经营活动的正常进行并为消费者提供优质服务，往往会接触到消费者的个人信息，此时经营者对相关消费者的个人信息必须依法收集、使用，否则将会承担法律责任。

《消费者权益保护法》第二十九条规定：

"经营者收集、使用消费者个人信息，应当遵循合法、正当、必要的原则，明示收集、使用信息的目的、方式和范围，并经消费者同意。经营者收集、使用消费者个人信息，应当公开其收集、使用规则，不得违反法律、法规的规定和双方的约定收集、使用信息。

"经营者及其工作人员对收集的消费者个人信息必须严格保密，不得泄露、出售或者非法向他人提供。经营者应当采取技术措施和其他必要措施，确保信息安全，防止消费者个人信息泄露、丢失。在发生或者可能发生信息泄露、丢失的情况时，应当立即采取补救措施。

"经营者未经消费者同意或者请求，或者消费者明确表示拒绝的，不得向其发送商业性信息。"

经营者对消费者的隐私保护义务　《浙江省实施〈中华人民共和国消费者权益保护法〉办法》第七条规定："经营者及其工作人员应当依法履行保护消费者个人信息的义务。消费者个人信息包括经营者在提供商品或者服务中获取的消费者姓名、性别、出生日期、身份证件号码、住址、职业、工作单位、联系方式、收入和财产状况、消费交易记录以及反映健康状况的体检及诊断报告、病史、治疗记录或者医疗美容记录、生物识别信息等能够单独或者与其他信息结合识别公民个人身份的信息。"

◆ **选择题**

1. 以下属于经营者履行依法收集、使用个人信息义务的是　　　　　（　　）

A. 某私营医疗机构生意火爆，该机构将收集到的客户信息以 50 元 1 条的价格出售

B. 某快递服务公司将收集到的客户私人信息作加密处理，并且在使用前征得客户同意

C. 小冯在某医疗机构办理会员卡后，医疗机构未征得其同意便每星期不定时向其发送产品优惠信息

D. 某线上商城经营者将收集到的客户私人信息贩卖给其他商家用于产品推广

◆ 案例题

1. 某圆珠笔生产企业为在短时间内迅速扩大公司知名度而想出如下方案：公司员工在火车站、酒店、电影院、商场等公共场所的门口向行人发出邀请，只要扫描公司的二维码关注公司公众号并填写相关个人信息即可获得精美的黑色圆珠笔一支。经过一个月的推广活动，有近千人关注了公司公众号并填写了个人信息。此后，该公司每天不定时向填写个人信息的用户发送各种商业短信，使用户不胜其烦。

问：圆珠笔生产企业推送商业短信的行为是否合法？

参考答案

十一、尊重消费者的义务

◆ **知识点提炼**

尊重消费者

◆ **知识点详解**

尊重消费者 经营者在从事经营活动的过程中应当尊重并维护消费者的人格权和身份权，应当尊重消费者的人格尊严。

《消费者权益保护法》第二十七条规定："经营者不得对消费者进行侮辱、诽谤，不得搜查消费者的身体及其携带的物品，不得侵犯消费者的人身自由。"

◆ **案例题**

1.周某（男）在某大型超市购物后出门被保安拦住，保安认为其将部分商品藏在身上没有结账。周某矢口否认，但保安仍不依不饶，甚至当众对周某进行侮辱、谩骂。随后，四五个保安将周某按倒在地，强行脱去周某上衣，但并未发现其私藏商品。周某拨打110报警。

问：(1) 超市保安的行为是否尊重了消费者？

（2）超市是否应当承担责任？

参考答案

十二、依法履行消费合同的义务

◈ 知识点提炼

依法履行消费合同　餐饮业经营者订立合同规范　修理、加工业经营者订立合同规范　摄影摄像、冲印业经营者质量保障义务与责任承担　美容医疗业经营者订立合同及责任承担规范　公用事业经营者从业行为规范　商品房维护与价款赔偿细则　房地产经营者销售全装修商品房相关规定　住宅装修经营者订立合同规范　快递业经营者行为规范与赔偿细则　金融机构营业规范　第三方网络交易平台提供者行为规范　家用汽车产品经营者赔偿细则　家用二手汽车销售经营者订立合同及责任承担规范

◈ 知识点详解

依法履行消费合同　经营者应当依法适当履行与消费者签订的商品买卖合同或服务提供合同，否则应承担相应的违约责任。

《消费者权益保护法》第二十四条规定：

"经营者提供的商品或者服务不符合质量要求的，消费者可以依照国家规定、当事人约定退货，或者要求经营者履行更换、修理等义务。没有国家规定和当事人约定的，消费者可以自收到商品之日起七日内退货；七日后符合法定解除合同条件的，消费者可以及时退货，不符合法定解除合同条件的，可以要求经营者履行更换、修理等义务。

"依照前款规定进行退货、更换、修理的，经营者应当承担运输等必要费用。"

餐饮业经营者订立合同规范　《浙江省实施〈中华人民共和国消费者权益保护法〉办法》第十四条规定："餐饮业经营者对食材的产地、品质和价格（计量单位）不得作引人误解的表示，对消费者选定的酒水菜品及价款，下单前应当经消费者确认；未经消费者确认发生争议的，按照有利于消费者的原则处理。"

修理、加工业经营者订立合同规范　《浙江省实施〈中华人民共和国消费者权益保护法〉办法》第十五条规定：

"修理、加工业经营者应当事先告知消费者修理、加工所需要的零部件、材料、期限、费用等真实情况，经消费者同意后，再进行修理、加工，并保证修理、加工质量。

"经营者不得偷换零部件或者更换不需要更换的零部件，不得使用不符合质量标准或者与约定不相符的零部件或者材料，不得偷工减料或者谎报用工用料。

"经营者对修理的部位应当予以包修，包修期不得少于三十日，自商品修复后交付消费者之日起计算。"

摄影摄像、冲印业经营者质量保障义务与责任承担　《浙江省实施〈中华人民共和国消费者权益保护法〉办法》第十六条规定："摄影摄像、冲印业经营者应当保证摄影、冲印照片和摄制录像的质量。照片或者录像存在明显瑕疵或者因经营者保管不善遗失的，经营者应当根据消费者的要求免费修复或者重拍、重印，并依法赔偿损失。经营者不得自行保留消费者的照片和底片。"

美容医疗业经营者订立合同及责任承担规范　《浙江省实施〈中华人民共和国消费者权益保护法〉办法》第十七条规定：

"美容医疗机构提供医疗美容服务的（因疾病治疗涉及的修复重建除外），应当事先向消费者本人或者其监护人书面告知实施医疗美容项目的适应证、禁忌证、美容方式和效果、医疗风险、医用材料、负责实施医疗美容项目的主诊医师和注意事项等，并取得消费者本人或者其监护人的书面确认。对美容效果的约定应当以图片、音像等事后可以核对的方式保留。因美容医疗机构责任导致医疗美容达不到约定效果或者消费者容貌受损的，美容医疗机构应当根据消费者的要求退还费用或者重作，并依法赔偿损失。

"美容医疗机构明知其服务存在缺陷仍然向消费者提供服务，或者未取得资质的机构和个人实施医疗美容，造成消费者死亡或者健康损害的，受害人有权依照《中华人民共和国消费者权益保护法》第五十五条的规定向经营者要求赔偿。"

公用事业经营者从业行为规范　《浙江省实施〈中华人民共和国消费者权益保护法〉办法》第十八条规定：

"供水、供电、供气、电信、有线电视等公用事业经营者应当公示提供商品或者服务的质量标准和收费标准；提供的商品或者服务未达到公示标准的，应当根据消费者的要求采取补救措施，并依法赔偿损失。

"经营者应当配备和使用符合规定的计量器具，保证计量准确；对消费者有关计量的投诉，应当自接到投诉之日起三日内核查，并在查明原因后及时告知消费者。水、电、气、通话时间、网络流量等计量异常增加，经营者没有证据证明是消费者责任的，不得要求消费者承担由此产生的费用。消费者对计量有异议的，应当自收到费用账单之日起六个月内提出。

"电信、有线电视等经营者提供收费服务或者免费使用服务的，应当在合同期满前十五日内向消费者作出明确提示，由消费者确认是否延续服务。未经消费者确认延续提供服务的，经营者对延续提供的服务不得收取费用。终止服务后，消费者需要退还设有押金、保证金的设备的，有权要求经营者提供免费上门服务。"

商品房维护与价款赔偿细则　《浙江省实施〈中华人民共和国消费者权益保护法〉办法》第十九条规定：

"商品房因勘察、设计、施工原因，在设计使用期限内发生地基下沉、房屋倾斜、承重的柱墙梁板等构件结构开裂变形等问题，超出工程建设强制性标准规定的安全限值，无法维修或者一次维修后仍超出安全限值的，消费者有权要求退房，并要求依法赔偿损失。

"商品房的屋面防水工程，有防水要求的厨房、卫生间、地下室和外墙面的防渗漏保修期限不得低于八年，保修期限自商品房交付消费者之日起计算。商品房因勘察、设计、施工原因，在保修期限内发生渗漏的，经营者应当自与消费者就维修方案达成一致之日起六个月内予以修复，并依法赔偿损失；同一区位的渗漏，经营者自与消费者就维修方案达成一致之日起六个月内未予修复的，消费者有权要求退房或者自行委托维修单位进行维修，维修费用由经营者承担。保修期限内的维修费用（包括公共部位的维修费用）由经营者承担。

"根据本条第一款、第二款规定退房的，遇价格下降时，按原价格退还房款；遇价格上涨时，按同类地段同类商品房标准的新价格退还房款。"

房地产经营者销售全装修商品房相关规定　《浙江省实施〈中华人民共和国消费者权益保护法〉办法》第二十条规定：

"房地产经营者销售全装修商品房的，应当在合同中明确所用主要装修材料的名称、品牌、规格、型号、等级和施工质量标准等内容；提供室内设施设备的，应当明确提供的设施设备的名称、品牌、规格、型号、等级和安装标准等内容。

"全装修商品房交付时，经营者应当提供项目竣工验收时委托第三方专业检测机构出具的空气质量检测合格报告、电气网络管线和给排水管道等隐蔽工程的设计施工资料。埋设在墙体、地面内的电气网络管线和给排水管道等隐蔽工程的保修期限不得低于八年，自全装修商品房交付消费者之日起计算。

"房地产经营者预售全装修商品房的，应当提供交付样板房。交付样板房的保留时间，自全装修商品房交付消费者之日起不少于六个月，或者自建设项目竣工验收合格之日起不少于两年。全装修商品房的展示样板房、模型、展示板以及广告对于合同订立有重大影响的，应当作为房屋装修质量的交付标准。"

住宅装修经营者订立合同规范　《浙江省实施〈中华人民共和国消费者权益保护法〉办法》第二十一条规定：

"住宅装修经营者应当与消费者订立书面合同，明确施工期限、施工质量、施工费用、质量保证方式、违约责任等内容；由经营者提供装修材料的，应当书面约定材料的名称、品牌、规格、型号、等级和价格等。

"埋设在墙体、地面内的电气网络管线和给排水管道等隐蔽工程的保修期限不得低于八年，其他装修部位的保修期限不得低于两年，自装修工程竣工验收合格之日起计算。"

快递业经营者行为规范与赔偿细则　《浙江省实施〈中华人民共和国消费者权益保护法〉办法》第二十二条规定：

"快递经营者应当按照国家有关规定对消费者交寄的快递物品内件进行验视，保存相关记录，妥善堆放、装卸和运载快递物品，在承诺时间内将快递物品投递到约定的收件地址，并由收件人或者其指定的代收人签收，双方也可以约定以智能自助快递柜等方式进行投递和签收。

"经营者在接收快递物品时，应当事先要求消费者申报物品的实际价值；消费者在交寄文件资料（包括照片、图片、合同等，下同）或者对其具有特殊意义的物品时，应当事先申报文件资料或者物品的价值。快递物品属于易碎易损物品或者消费者申报的价值超过一定限值的，经营者可以要求消费者就超过限值部分进行保价寄递。

"快递物品因经营者责任遗失或者损毁，事先申报价值的，经营者应当按照申报价值予以赔偿；事先未申报价值但事后能够确定实际价值的，经营者应当按照实际价值予以赔偿；事先未申报且事后无法确定实际价值的，由双方协商确定赔偿数额，协商不成的，由经营者按照所收取资费十倍的标准予以赔偿，但最高额不超过八百元。"

金融机构营业规范 《浙江省实施〈中华人民共和国消费者权益保护法〉办法》第二十三条规定：

"金融机构依法销售自有金融产品或者代理销售金融产品的，应当建立产品信息查询服务平台，履行信息披露义务，向消费者告知金融产品的发行主体、产品属性、投资风险和担保设定等情况，不得夸大产品收益率或者隐瞒重要风险信息，不得提供虚假或者引人误解的产品信息。告知情况应当经消费者书面确认或者以其他事后可以核查的方式确认。

"银行业金融机构应当建立自有理财或者代理产品销售专门区域，设立明显标识，并按照规定要求保存有关销售情况的录音录像记录或者数据信息，不得允许非本机构工作人员在其营业场所从事产品宣传推介、销售等活动。银行业金融机构对非本机构工作人员在其营业场所内从事的宣传推介、销售等活动依法承担赔偿责任。"

第三方网络交易平台提供者行为规范 《浙江省实施〈中华人民共和国消费者权益保护法〉办法》第二十四条规定：

"第三方网络交易平台提供者应当按照规定要求建立并实施平台交易规则、交易安全保障、消费者投诉快速处理、信用评价、商品或者服务质量监控等管理制度，保证消费者能够便利、完整阅览和保存各项管理制度。

"第三方网络交易平台提供者应当对网上经营者的名称、地址和联系方式等信息进行核查和登记，保证信息的真实有效，并在网上经营者从事经营活动的主页面的醒目位置予以公开。

"消费者因对网上经营者作出负面评价而遭受其骚扰或者威胁的，第三方网络交易平台提供者查证核实后，应当按照平台管理制度采取措施，对该网上经营者作出信用降级、不良行为记录等处理或者停止对其提供平台服务。

"第三方网络交易平台提供者应当设立消费者权益保障金，并公开消费者权益保障金的管理和使用办法。网上经营者对消费者提出的合理要求故意拖延或者无理拒绝的，第三方网络交易平台提供者应当使用消费者权益保障金先行赔付。"

家用汽车产品经营者赔偿细则 《浙江省实施〈中华人民共和国消费者权益保护法〉办法》第二十七条规定：

"家用汽车产品自销售者开具机动车销售统一发票之日起六十日内或者行驶里程三千公里内（以先到者为准），出现转向系统失效、制动系统失效、车身开裂、燃油泄漏、安全装置失效、车辆自燃或者因其他质量问题引起车辆失控，或者发动机、变速器的主要零件出现产品质量问题的，家用汽车产品销售者或者生产者应当根据消费者的要求予以整车更换或者退货，并依法赔偿损失。

"家用汽车产品自销售者开具机动车销售统一发票之日起两年内或者行驶里程五万公里内（以先到者为准），发生下列情况之一的，家用汽车产品销售者或者生产者应当根据消费者的要求予以整车更换或者退货，并依法赔偿损失：

"（一）因严重安全性能故障累计进行两次修理，严重安全性能故障仍未排除或者又出现新的严重安全性能故障的；

"（二）因质量问题，发动机整体或者其主要零件分别或者合计更换两次后、变速器整体或者其主要零件分别或者合计更换两次后、发动机和变速器整体合计更换两次后，仍不能正常使用的；

"（三）转向系统、制动系统、悬架系统、车桥、车身的主要零件因质量问题，分别更换两次后仍不能正常使用的。

"发动机、变速器、转向系统、制动系统、悬架系统、车桥、车身的主要零件，经营者应当根据国家相关标准在三包凭证上明示。

"家用汽车产品三包有效期限内，除经营者能够证明出现产品故障与消费者使用、维护或者改装有直接因果关系外，经营者不能免除三包责任。"

家用二手汽车销售经营者订立合同及责任承担规范　《浙江省实施〈中华人民共和国消费者权益保护法〉办法》第二十八条规定：

"家用二手汽车销售经营者应当对二手汽车的来源是否合法、行驶里程、维修记录、交易记录、车辆存在问题等重要信息在出售前进行全面核查、检测，并将核查、检测的准确结果以书面或者其他可以确认的方式告知消费者。二手汽车的行驶里程、维修等情况无法核查的，应当将无法核查的事实和可能存在的隐患以书面或者其他可以核查的方式告知消费者。

"经营者应当保证其销售的二手汽车安全性能良好；自开具二手车销售统一发票之日起六十日内或者行驶里程三千公里内（以先到者为准），二手汽车发生安全性能故障的，经营者应当承担包修责任。

"经营者未按本条第一款的规定对二手汽车进行核查、检测或者隐瞒、谎报核查、检测结果，造成消费者损失的，消费者有权依照《中华人民共和国消费者权益保护法》第五十五条的规定向经营者要求赔偿。"

选择题

1. 以下属于经营者依法履行消费合同的是　　　　　　　　　　　（　　）

　A. 吴某在某品牌 4S 店购买新车一台，但提车后第三天，汽车电瓶突然没电。吴某在朋友开设的修理厂更换电瓶时，朋友告诉吴某该汽车发动机并非原装，且车身有六处补漆，为二手车

　B. 蒋某花费近千元购买了某品牌耳机，正常使用两个月后左耳听筒失灵，蒋某在拨打客服电话要求维修时遭到直接回绝

C. 沈某在家具城购买某知名品牌马桶，但安装两星期后沈某发现马桶冲水出现问题，随后商家及时派人维修并向沈某诚挚道歉

D. 张某在网上委托某律师为其起草诉状，收到电子版后发现该诉状错字连篇，语句多处不通顺，遂要求该律师返工。但律师称其已经尽力，问心无愧，拒绝返工

案例题

1. 史某即将离开校园，步入职场。史某一直认为自己的鼻子不够漂亮，并担心这会对其工作前途产生影响，于是找到某私营整形机构进行整容手术。但整形机构并未询问史某的生理状况，也并未告知整容风险与注意事项。整容后，史某的鼻子越长越歪，随即向医疗机构主张赔偿。

问:(1) 医疗机构是否适当履行了合同义务？

(2) 若该整容机构没有营业执照，是否构成非法行医罪？

参考答案

十三、承担举证责任的义务

◆ **知识点提炼**

举证责任　耐用商品或提供其装饰装修服务经营者的举证责任承担

◆ **知识点详解**

举证责任　当消费者与经营者因商品、服务提供产生纠纷并将纠纷交由法庭审理时，经营者对与商品、服务相关的法律事实有提出相应证据的责任。

耐用商品或提供其装饰装修服务经营者的举证责任承担　《消费者权益保护法》第二十三条第三款规定："经营者提供的机动车、计算机、电视机、电冰箱、空调器、洗衣机等耐用商品或者装饰装修等服务，消费者自接受商品或者服务之日起六个月内发现瑕疵，发生争议的，由经营者承担有关瑕疵的举证责任。"

《浙江省实施〈中华人民共和国消费者权益保护法〉办法》第三十条规定：

"经营者提供的机动车、计算机、电视机、电冰箱、空调器、洗衣机等耐用商品或者装饰装修等服务，消费者自接受商品或者服务之日起六个月内发现瑕疵，发生争议的，由经营者承担有关瑕疵的举证责任。其中属于国家和省规定的三包商品的，在三包有效期限内由经营者承担有关三包责任的举证责任。

"消费者提供的经营者维修过程的录音录像或者照片，以及经营者提供的维修单据，可以作为确定修理次数的证据。"

◆ **案例题**

1. 小马在商场购买某知名品牌空调一台，使用一个月后发现空调制冷功能出现问题，遂电话通知商家处理。但商家以小马自身使用不当为由拒绝维修。双方遂诉至法庭。

问：关于空调制冷损坏应当由哪方当事人承担举证责任？

参考答案

第五章　权利救济

一、民事责任

◆ 知识点提炼

民事责任主体　产品"三包"责任　产品侵权责任　惩罚性赔偿责任　缺陷产品召回责任

◆ 知识点详解

民事责任主体　《消费者权益保护法》调整的民事主体涵盖消费者、商品生产者、商品销售者、服务提供者，其中消费者的使用目的系因生活需要。单位主体不是《消费者权益保护法》所列的消费者，《消费者权益保护法》所保护的消费者主体为个体社会成员，即为自己和家庭生活消费的目的而购买商品、接受服务的自然人；知假买假的"职业打假人"不是《消费者权益保护法》所列的消费者。

产品"三包"责任　"三包"是"包修、包换、包退"的简称。当消费者购买的产品存在如下情况，可以主张经销者承担三包责任：（1）不具备产品应当具备的使用性能，而事先没有说明的；（2）不符合明示采用的产品标准要求；（3）不符合以产品说明、实物样品等方式表明的质量状况；（4）产品经技术监督行政部门等法定部门检验不合格；（5）产品修理两次仍不能正常使用。

产品侵权责任　消费者在购买、使用商品和接受服务时享有人身、财产安全不受损害的权利。消费者有权要求经营者提供的商品和服务，符合保障人身、财产安全的要求。

《产品质量法》第四十一条规定：

"因产品存在缺陷造成人身、缺陷产品以外的其他财产（以下简称他人财产）损害的，生产者应当承担赔偿责任。

"生产者能够证明有下列情形之一的，不承担赔偿责任：

"（一）未将产品投入流通的；

"（二）产品投入流通时，引起损害的缺陷尚不存在的；

"（三）将产品投入流通时的科学技术水平尚不能发现缺陷的存在的。"

《产品质量法》第四十二条规定：

"由于销售者的过错使产品存在缺陷，造成人身、他人财产损害的，销售者应当承担赔偿责任。

"销售者不能指明缺陷产品的生产者也不能指明缺陷产品的供货者的，销售者应当承担赔偿责任。"

《产品质量法》第四十三条规定："因产品存在缺陷造成人身、他人财产损害的，受害人可以向产品的生产者要求赔偿，也可以向产品的销售者要求赔偿。属于产品的生产者的责任，产品的销售者赔偿的，产品的销售者有权向产品的生产者追偿。属于产品的销售者的责任，产品的生产者赔偿的，产品的生产者有权向产品的销售者追偿。"

《产品质量法》第四十四条规定：

"因产品存在缺陷造成受害人人身伤害的，侵害人应当赔偿医疗费、治疗期间的护理费、因误工减少的收入等费用；造成残疾的，还应当支付残疾者生活自助具费、生活补助费、残疾赔偿金以及由其扶养的人所必需的生活费等费用；造成受害人死亡的，并应当支付丧葬费、死亡赔偿金以及由死者生前扶养的人所必需的生活费等费用。

"因产品存在缺陷造成受害人财产损失的，侵害人应当恢复原状或者折价赔偿。受害人因此遭受其他重大损失的，侵害人应当赔偿损失。"

《产品质量法》第四十五条规定：

"因产品存在缺陷造成损害要求赔偿的诉讼时效期间为二年，自当事人知道或者应当知道其权益受到损害时起计算。

"因产品存在缺陷造成损害要求赔偿的请求权，在造成损害的缺陷产品交付最初消费者满十年丧失；但是，尚未超过明示的安全使用期的除外。"

《产品质量法》第四十六条规定："本法所称缺陷，是指产品存在危及人身、他人财产安全的不合理的危险；产品有保障人体健康和人身、财产安全的国家标准、行业标准的，是指不符合该标准。"

惩罚性赔偿责任　消费者的权益在我国受到极大的保护，很多的惩罚性赔偿案件与消费者有关。若是商家出售的产品质量有问题，消费者因此受到了较为严重的侵害，可以向司法机关起诉，一旦确定了由商家承担侵权行为，则商家一定会被要求支付惩罚性的赔偿金。

《消费者权益保护法》第五十五条规定：

"经营者提供商品或者服务有欺诈行为的，应当按照消费者的要求增加赔偿其受到的损失，增加赔偿的金额为消费者购买商品的价款或者接受服务的费用的三倍；增加赔偿的金额不足五百元的，为五百元。法律另有规定的，依照其规定。

"经营者明知商品或者服务存在缺陷，仍然向消费者提供，造成消费者或者其他受害人死亡或者健康严重损害的，受害人有权要求经营者依照本法第四十九条、第五十一条等法律规定赔偿损失，并有权要求所受损失二倍以下的惩罚性赔偿。"

缺陷产品召回责任　召回，是指产品生产企业、进口商、销售商知道其生产、进口、经销的产品存在可能危害人体健康和财产安全的缺陷时，依法向政府部门报告，并告知消费者，免费从消费者手中收回缺陷产品，并实施修理、更换、赔偿等积极有效的措施，消除缺陷产品风险的活动。国家对与人身安全有关的缺陷产品施行召回制度。生产者是控制与消除产品缺陷的责任主体，应当对其生产的产品的安全负责。

◆ **选择题**

1. 关于《消费者权益保护法》的适用范围，下列表述正确的是 （ ）

A. 农民购买、使用直接用于农业生产的生产资料时不适用《消费者权益保护法》

B. 农民购买、使用直接用于农业生产的生产资料，参照《消费者权益保护法》执行

C. 农民的消费活动不适用《消费者权益保护法》

D. 所有的消费活动均适用《消费者权益保护法》

2. 经营者提供的商品或服务不符合质量要求的，没有国家规定和当事人约定的，消费者可以自收到商品_____日内退货。 （ ）

A. 3

B. 7

C. 15

D. 30

3. 某大型商场销售的品牌电视机在市场上流通一个月后发现存在安全隐患，商场发出召回该商品的通知。下列哪项做法是正确的？ （ ）

A. 召回商品的额外费用由消费者承担

B. 商场私下召回该电视机

C. 商场承担消费者因商品召回所产生的必要费用

D. 该电视机被召回后不进行任何处理

4. 甲从某商场购买了一台假冒产地的吹风机，价格为100元，甲要求该商场赔偿。根据《消费者权益保护法》的规定，甲依法可以获得的增加赔偿的金额为（ ）

A. 100元

B. 200元

C. 300元

D. 500元

5. 下列哪项商品不属于《消费者权益保护法》规定的七天无理由退货政策的豁免商品？ （ ）

A. 鲜活易腐的商品

B. 定制型商品

C. 报纸期刊

D. 电视机

◈ 案例题

1. 5月，张某开办饭店，从商场购买了10台吊扇。同年7月，吴某等一行6人到张某饭店就餐，就餐过程中吊扇突然脱落，造成吴某等3人遭受骨折或皮外伤，共花去医疗费8000元。事后，吴某等3人找到张某要求赔偿，张某则认为事故纯粹是由于装修公司安装不当所致，自己亦是受害人，拒绝赔偿。后查明，这10台吊扇全系不合格产品。

问：（1）哪些当事人是消费者？

（2）赔偿责任应当怎样承担？

参考答案

二、行政责任和刑事责任

◆ **知识点提炼**

行政责任　行政责任与民事责任竞合处理及救济　刑事责任　生产、销售伪劣产品罪　生产、销售假药罪　生产、销售、提供劣药罪　妨害药品管理罪　生产、销售不符合安全标准的食品罪　生产、销售有毒、有害食品罪　生产、销售不符合标准的医用器材罪　生产、销售不符合安全标准的产品罪　生产、销售伪劣农药、兽药、化肥、种子罪　生产、销售不符合卫生标准的化妆品罪　对生产、销售伪劣商品行为的法条适用　单位犯本节规定之罪的处理

◆ **知识点详解**

行政责任　《消费者权益保护法》第五十六条规定：

"经营者有下列情形之一，除承担相应的民事责任外，其他有关法律、法规对处罚机关和处罚方式有规定的，依照法律、法规的规定执行；法律、法规未作规定的，由工商行政管理部门或者其他有关行政部门责令改正，可以根据情节单处或者并处警告、没收违法所得、处以违法所得一倍以上十倍以下的罚款，没有违法所得的，处以五十万元以下的罚款；情节严重的，责令停业整顿、吊销营业执照：

"（一）提供的商品或者服务不符合保障人身、财产安全要求的；

"（二）在商品中掺杂、掺假，以假充真，以次充好，或者以不合格商品冒充合格商品的；

"（三）生产国家明令淘汰的商品或者销售失效、变质的商品的；

"（四）伪造商品的产地，伪造或者冒用他人的厂名、厂址，篡改生产日期，伪造或者冒用认证标志等质量标志的；

"（五）销售的商品应当检验、检疫而未检验、检疫或者伪造检验、检疫结果的；

"（六）对商品或者服务作虚假或者引人误解的宣传的；

"（七）拒绝或者拖延有关行政部门责令对缺陷商品或者服务采取停止销售、警示、召回、无害化处理、销毁、停止生产或者服务等措施的；

"（八）对消费者提出的修理、重作、更换、退货、补足商品数量、退还货款和服务费用或者赔偿损失的要求，故意拖延或者无理拒绝的；

"（九）侵害消费者人格尊严、侵犯消费者人身自由或者侵害消费者个人信息依法得到保护的权利的；

"（十）法律、法规规定的对损害消费者权益应当予以处罚的其他情形。

"经营者有前款规定情形的，除依照法律、法规规定予以处罚外，处罚机关应当记入信用档案，向社会公布。"

行政责任与民事责任竞合处理及救济 根据《消费者权益保护法》第五十八条、第五十九条的规定，经营者违反《消费者权益保护法》的规定，应当承担民事赔偿责任和缴纳罚款、罚金，其财产不足以同时支付的，先承担民事赔偿责任；经营者对行政处罚决定不服的，可以依法申请行政复议或者提起行政诉讼。

刑事责任 根据《消费者权益保护法》第五十七条的规定，经营者违反《消费者权益保护法》的规定提供商品或者服务，侵害消费者合法权益，构成犯罪的，依法追究刑事责任。

根据《消费者权益保护法》第六十条的规定，经营者以暴力、威胁等方法阻碍有关行政部门工作人员依法执行职务的，依法追究刑事责任；拒绝、阻碍有关行政部门工作人员依法执行职务，未使用暴力、威胁方法的，由公安机关依照《中华人民共和国治安管理处罚法》的规定处罚。

根据《消费者权益保护法》第六十一条的规定，国家机关工作人员玩忽职守或包庇经营者侵害消费者合法权益行为的，由其所在单位或上级机关给予行政处分；情节严重，构成犯罪的，依法追究刑事责任。

生产、销售伪劣产品罪 《中华人民共和国刑法》[1]第一百四十条规定："生产者、销售者在产品中掺杂、掺假，以假充真，以次充好或者以不合格产品冒充合格产品，销售金额五万元以上不满二十万元的，处二年以下有期徒刑或者拘役，并处或者单处销售金额百分之五十以上二倍以下罚金；销售金额二十万元以上不满五十万元的，处二年以上七年以下有期徒刑，并处销售金额百分之五十以上二倍以下罚金；销售金额五十万元以上不满二百万元的，处七年以上有期徒刑，并处销售金额百分之五十以上二倍以下罚金；销售金额二百万元以上的，处十五年有期徒刑或者无期徒刑，并处销售金额百分之五十以上二倍以下罚金或者没收财产。"

生产、销售假药罪 《刑法》第一百四十一条规定：

"生产、销售假药的，处三年以下有期徒刑或者拘役，并处罚金；对人体健康造成严重危害或者有其他严重情节的，处三年以上十年以下有期徒刑，并处罚金；致人死亡或者有其他特别严重情节的，处十年以上有期徒刑、无期徒刑或者死刑，并处罚金或者没收财产。

"药品使用单位的人员明知是假药而提供给他人使用的，依照前款的规定处罚。"

生产、销售、提供劣药罪 《刑法》第一百四十二条规定：

"生产、销售劣药，对人体健康造成严重危害的，处三年以上十年以下有期徒刑，并处罚金；后果特别严重的，处十年以上有期徒刑或者无期徒刑，并处罚金或者没收财产。

"药品使用单位的人员明知是劣药而提供给他人使用的，依照前款的规定处罚。"

妨害药品管理罪 《刑法》第一百四十二条之一规定：

"违反药品管理法规，有下列情形之一，足以严重危害人体健康的，处三年以下有期徒刑或者拘役，并处或者单处罚金；对人体健康造成严重危害或者有其他严重情

---

① 简称《刑法》。

节的，处三年以上七年以下有期徒刑，并处罚金：

"（一）生产、销售国务院药品监督管理部门禁止使用的药品的；

"（二）未取得药品相关批准证明文件生产、进口药品或者明知是上述药品而销售的；

"（三）药品申请注册中提供虚假的证明、数据、资料、样品或者采取其他欺骗手段的；

"（四）编造生产、检验记录的。

"有前款行为，同时又构成本法第一百四十一条、第一百四十二条规定之罪或者其他犯罪的，依照处罚较重的规定定罪处罚。"

生产、销售不符合安全标准的食品罪 《刑法》第一百四十三条规定："生产、销售不符合食品安全标准的食品，足以造成严重食物中毒事故或者其他严重食源性疾病的，处三年以下有期徒刑或者拘役，并处罚金；对人体健康造成严重危害或者有其他严重情节的，处三年以上七年以下有期徒刑，并处罚金；后果特别严重的，处七年以上有期徒刑或者无期徒刑，并处罚金或者没收财产。"

生产、销售有毒、有害食品罪 《刑法》第一百四十四条规定："在生产、销售的食品中掺入有毒、有害的非食品原料的，或者销售明知掺有有毒、有害的非食品原料的食品的，处五年以下有期徒刑，并处罚金；对人体健康造成严重危害或者有其他严重情节的，处五年以上十年以下有期徒刑，并处罚金；致人死亡或者有其他特别严重情节的，依照本法第一百四十一条的规定处罚。"

生产、销售不符合标准的医用器材罪 《刑法》第一百四十五条规定："生产不符合保障人体健康的国家标准、行业标准的医疗器械、医用卫生材料，或者销售明知是不符合保障人体健康的国家标准、行业标准的医疗器械、医用卫生材料，足以严重危害人体健康的，处三年以下有期徒刑或者拘役，并处销售金额百分之五十以上二倍以下罚金；对人体健康造成严重危害的，处三年以上十年以下有期徒刑，并处销售金额百分之五十以上二倍以下罚金；后果特别严重的，处十年以上有期徒刑或者无期徒刑，并处销售金额百分之五十以上二倍以下罚金或者没收财产。"

生产、销售不符合安全标准的产品罪 《刑法》第一百四十六条规定："生产不符合保障人身、财产安全的国家标准、行业标准的电器、压力容器、易燃易爆产品或者其他不符合保障人身、财产安全的国家标准、行业标准的产品，或者销售明知是以上不符合保障人身、财产安全的国家标准、行业标准的产品，造成严重后果的，处五年以下有期徒刑，并处销售金额百分之五十以上二倍以下罚金；后果特别严重的，处五年以上有期徒刑，并处销售金额百分之五十以上二倍以下罚金。"

生产、销售伪劣农药、兽药、化肥、种子罪 《刑法》第一百四十七条规定："生产假农药、假兽药、假化肥，销售明知是假的或者失去使用效能的农药、兽药、化肥、种子，或者生产者、销售者以不合格的农药、兽药、化肥、种子冒充合格的农药、兽药、化肥、种子，使生产遭受较大损失的，处三年以下有期徒刑或者拘役，并处或者单处销售金额百分之五十以上二倍以下罚金；使生产遭受重大损失的，处三年以上七年以下有期徒刑，并处销售金额百分之五十以上二倍以下罚金；使生产遭受特别重大损失的，处七年以上有期徒刑或者无期徒刑，并处销售金额百分之五十以上二倍以下罚金或者没收财产。"

生产、销售不符合卫生标准的化妆品罪 《刑法》第一百四十八条规定："生产不符合卫生标准的化妆品，或者销售明知是不符合卫生标准的化妆品，造成严重后果的，处三年以下有期徒刑或者拘役，并处或者单处销售金额百分之五十以上二倍以下罚金。"

对生产、销售伪劣商品行为的法条适用 《刑法》第一百四十九条规定：

"生产、销售本节第一百四十一条至第一百四十八条所列产品，不构成各该条规定的犯罪，但是销售金额在五万元以上的，依照本节第一百四十条的规定定罪处罚。

"生产、销售本节第一百四十一条至第一百四十八条所列产品，构成各该条规定的犯罪，同时又构成本节第一百四十条规定之罪的，依照处罚较重的规定定罪处罚。"

单位犯本节规定之罪的处理 《刑法》第一百五十条规定："单位犯本节第一百四十条至第一百四十八条规定之罪的，对单位判处罚金，并对其直接负责的主管人员和其他直接责任人员，依照各该条的规定处罚。"

◈ 选择题

1.生产者、销售者对抽查检验的结果有异议，可以自收到检验结果之日起_____内向实施监督抽查的产品质量监督部门或者其上级产品质量监督部门申请复检。 （ ）

A. 5 日

B. 7 日

C. 15 日

D. 30 日

2. 知道或应当知道是《产品质量法》禁止的产品，而为其提供运输服务的，处没收全部收入，并处违法收入 50% 以上_____以下罚款。 （ ）

A. 1 倍

B. 2 倍

C. 3 倍

D. 4 倍

3. 经营者违反《产品质量法》规定，应当承担民事赔偿责任和缴纳罚款、罚金，其财产不足以同时支付的，先承担 （ ）

A. 罚金

B. 罚款

C. 民事赔偿责任

D. 平均支付各种费用

4.产品质量监督部门查处涉嫌违反《产品质量法》规定的行为时，可以行使

（　　）

A. 拘留权

B. 留置权

C. 调查权

D. 冻结银行账户

◆ 案例题

1.李某从本市某商场购买了某品牌电冰箱一台，使用 3 个月后，冰箱起火，造成损失 7000 多元。事发后，李某找商场协商，商场同意赔偿 3000 元，李某认为商场至少要赔 5000 元。双方遂起纠纷，李某以产品责任为由诉到法院。法院审理后认为：认定产品质量问题，应由技术监督部门出具鉴定书，但技术监督部门提出该冰箱已烧毁，又无库存，无法鉴定，因此不能排除消费者使用不当造成冰箱起火的可能性，虽然冰箱没有合格证，但产品质量问题证据不足，驳回起诉。

问：请运用《产品质量法》的产品责任理论分析法院的判决是否正确，并阐明理由。

2.丁某从市场上买回一只高压锅，一开始高压锅能正常使用，未有异常。一年半后，丁某有一次做饭时，高压锅发生爆炸，锅盖飞起，煤气灶被炸坏，天花板被冲裂，玻璃被震碎。发生事故后，丁某找高压锅的生产厂家某日用品厂要求赔偿。日用品厂提出，丁某买锅已经过去一年多了，早已过了规定的保修期，因此对发生的损害不负责任。丁某与日用品厂进行多次交涉未果。

问：该日用品厂的理由是否成立？

参考答案

附 录

《中华人民共和国消费者权益保护法》

（1993 年 10 月 31 日第八届全国人民代表大会常务委员会第四次会议通过　根据 2009 年 8 月 27 日第十一届全国人民代表大会常务委员会第十次会议《关于修改部分法律的决定》第一次修正　根据 2013 年 10 月 25 日第十二届全国人民代表大会常务委员会第五次会议《关于修改〈中华人民共和国消费者权益保护法〉的决定》第二次修正）

第一章　总则

第一条　为保护消费者的合法权益，维护社会经济秩序，促进社会主义市场经济健康发展，制定本法。

第二条　消费者为生活消费需要购买、使用商品或者接受服务，其权益受本法保护；本法未作规定的，受其他有关法律、法规保护。

第三条　经营者为消费者提供其生产、销售的商品或者提供服务，应当遵守本法；本法未作规定的，应当遵守其他有关法律、法规。

第四条　经营者与消费者进行交易，应当遵循自愿、平等、公平、诚实信用的原则。

第五条　国家保护消费者的合法权益不受侵害。

国家采取措施，保障消费者依法行使权利，维护消费者的合法权益。

国家倡导文明、健康、节约资源和保护环境的消费方式，反对浪费。

第六条　保护消费者的合法权益是全社会的共同责任。

国家鼓励、支持一切组织和个人对损害消费者合法权益的行为进行社会监督。

大众传播媒介应当做好维护消费者合法权益的宣传，对损害消费者合法权益的行为进行舆论监督。

第二章　消费者的权利

第七条　消费者在购买、使用商品和接受服务时享有人身、财产安全不受损害的权利。

消费者有权要求经营者提供的商品和服务，符合保障人身、财产安全的要求。

第八条　消费者享有知悉其购买、使用的商品或者接受的服务的真实情况的权利。

消费者有权根据商品或者服务的不同情况，要求经营者提供商品的价格、产地、生产者、用途、性能、规格、等级、主要成分、生产日期、有效期限、检验合格证明、使用方法说明书、售后服务，或者服务的内容、规格、费用等有关情况。

第九条　消费者享有自主选择商品或者服务的权利。

消费者有权自主选择提供商品或者服务的经营者，自主选择商品品种或者服务方式，自主决定购买或者不购买任何一种商品、接受或者不接受任何一项服务。

消费者在自主选择商品或者服务时，有权进行比较、鉴别和挑选。

第十条　消费者享有公平交易的权利。

消费者在购买商品或者接受服务时，有权获得质量保障、价格合理、计量正确等公平交易条件，有权拒绝经营者的强制交易行为。

第十一条　消费者因购买、使用商品或者接受服务受到人身、财产损害的，享有依法获得赔偿的权利。

第十二条　消费者享有依法成立维护自身合法权益的社会组织的权利。

第十三条　消费者享有获得有关消费和消费者权益保护方面的知识的权利。

消费者应当努力掌握所需商品或者服务的知识和使用技能，正确使用商品，提高自我保护意识。

第十四条　消费者在购买、使用商品和接受服务时，享有人格尊严、民族风俗习惯得到尊重的权利，享有个人信息依法得到保护的权利。

第十五条　消费者享有对商品和服务以及保护消费者权益工作进行监督的权利。

消费者有权检举、控告侵害消费者权益的行为和国家机关及其工作人员在保护消费者权益工作中的违法失职行为，有权对保护消费者权益工作提出批评、建议。

第三章　经营者的义务

第十六条　经营者向消费者提供商品或者服务，应当依照本法和其他有关法律、法规的规定履行义务。

经营者和消费者有约定的，应当按照约定履行义务，但双方的约定不得违背法律、法规的规定。

经营者向消费者提供商品或者服务，应当恪守社会公德，诚信经营，保障消费者的合法权益；不得设定不公平、不合理的交易条件，不得强制交易。

第十七条　经营者应当听取消费者对其提供的商品或者服务的意见，接受消费者的监督。

第十八条　经营者应当保证其提供的商品或者服务符合保障人身、财产安全的要求。对可能危及人身、财产安全的商品和服务，应当向消费者作出真实的说明和明确的警示，并说明和标明正确使用商品或者接受服务的方法以及防止危害发生的方法。

宾馆、商场、餐馆、银行、机场、车站、港口、影剧院等经营场所的经营者，应当对消费者尽到安全保障义务。

第十九条 经营者发现其提供的商品或者服务存在缺陷，有危及人身、财产安全危险的，应当立即向有关行政部门报告和告知消费者，并采取停止销售、警示、召回、无害化处理、销毁、停止生产或者服务等措施。采取召回措施的，经营者应当承担消费者因商品被召回支出的必要费用。

第二十条 经营者向消费者提供有关商品或者服务的质量、性能、用途、有效期限等信息，应当真实、全面，不得作虚假或者引人误解的宣传。

经营者对消费者就其提供的商品或者服务的质量和使用方法等问题提出的询问，应当作出真实、明确的答复。

经营者提供商品或者服务应当明码标价。

第二十一条 经营者应当标明其真实名称和标记。

租赁他人柜台或者场地的经营者，应当标明其真实名称和标记。

第二十二条 经营者提供商品或者服务，应当按照国家有关规定或者商业惯例向消费者出具发票等购货凭证或者服务单据；消费者索要发票等购货凭证或者服务单据的，经营者必须出具。

第二十三条 经营者应当保证在正常使用商品或者接受服务的情况下其提供的商品或者服务应当具有的质量、性能、用途和有效期限；但消费者在购买该商品或者接受该服务前已经知道其存在瑕疵，且存在该瑕疵不违反法律强制性规定的除外。

经营者以广告、产品说明、实物样品或者其他方式表明商品或者服务的质量状况的，应当保证其提供的商品或者服务的实际质量与表明的质量状况相符。

经营者提供的机动车、计算机、电视机、电冰箱、空调器、洗衣机等耐用商品或者装饰装修等服务，消费者自接受商品或者服务之日起六个月内发现瑕疵，发生争议的，由经营者承担有关瑕疵的举证责任。

第二十四条 经营者提供的商品或者服务不符合质量要求的，消费者可以依照国家规定、当事人约定退货，或者要求经营者履行更换、修理等义务。没有国家规定和当事人约定的，消费者可以自收到商品之日起七日内退货；七日后符合法定解除合同条件的，消费者可以及时退货，不符合法定解除合同条件的，可以要求经营者履行更换、修理等义务。

依照前款规定进行退货、更换、修理的，经营者应当承担运输等必要费用。

第二十五条 经营者采用网络、电视、电话、邮购等方式销售商品，消费者有权自收到商品之日起七日内退货，且无需说明理由，但下列商品除外：

（一）消费者定作的；

（二）鲜活易腐的；

（三）在线下载或者消费者拆封的音像制品、计算机软件等数字化商品；

（四）交付的报纸、期刊。

除前款所列商品外，其他根据商品性质并经消费者在购买时确认不宜退货的商品，不适用无理由退货。

消费者退货的商品应当完好。经营者应当自收到退回商品之日起七日内返还消费者支付的商品价款。退回商品的运费由消费者承担；经营者和消费者另有约定的，按照约定。

第二十六条 经营者在经营活动中使用格式条款的，应当以显著方式提请消费者注意商品或者服务的数量和质量、价款或者费用、履行期限和方式、安全注意事项和风险警示、售后服务、民事责任等与消费者有重大利害关系的内容，并按照消费者的要求予以说明。

经营者不得以格式条款、通知、声明、店堂告示等方式，作出排除或者限制消费者权利、减轻或者免除经营者责任、加重消费者责任等对消费者不公平、不合理的规定，不得利用格式条款并借助技术手段强制交易。

格式条款、通知、声明、店堂告示等含有前款所列内容的，其内容无效。

第二十七条 经营者不得对消费者进行侮辱、诽谤，不得搜查消费者的身体及其携带的物品，不得侵犯消费者的人身自由。

第二十八条 采用网络、电视、电话、邮购等方式提供商品或者服务的经营者，以及提供证券、保险、银行等金融服务的经营者，应当向消费者提供经营地址、联系方式、商品或者服务的数量和质量、价款或者费用、履行期限和方式、安全注意事项和风险警示、售后服务、民事责任等信息。

第二十九条 经营者收集、使用消费者个人信息，应当遵循合法、正当、必要的原则，明示收集、使用信息的目的、方式和范围，并经消费者同意。经营者收集、使用消费者个人信息，应当公开其收集、使用规则，不得违反法律、法规的规定和双方的约定收集、使用信息。

经营者及其工作人员对收集的消费者个人信息必须严格保密，不得泄露、出售或者非法向他人提供。经营者应当采取技术措施和其他必要措施，确保信息安全，防止消费者个人信息泄露、丢失。在发生或者可能发生信息泄露、丢失的情况时，应当立即采取补救措施。

经营者未经消费者同意或者请求，或者消费者明确表示拒绝的，不得向其发送商业性信息。

第四章 国家对消费者合法权益的保护

第三十条 国家制定有关消费者权益的法律、法规、规章和强制性标准，应当听取消费者和消费者协会等组织的意见。

第三十一条 各级人民政府应当加强领导，组织、协调、督促有关行政部门做好保护消费者合法权益的工作，落实保护消费者合法权益的职责。

各级人民政府应当加强监督，预防危害消费者人身、财产安全行为的发生，及时制止危害消费者人身、财产安全的行为。

第三十二条 各级人民政府工商行政管理部门和其他有关行政部门应当依照法律、法规的规定，在各自的职责范围内，采取措施，保护消费者的合法权益。

有关行政部门应当听取消费者和消费者协会等组织对经营者交易行为、商品和服务质量问题的意见，及时调查处理。

第三十三条　有关行政部门在各自的职责范围内，应当定期或者不定期对经营者提供的商品和服务进行抽查检验，并及时向社会公布抽查检验结果。

有关行政部门发现并认定经营者提供的商品或者服务存在缺陷，有危及人身、财产安全危险的，应当立即责令经营者采取停止销售、警示、召回、无害化处理、销毁、停止生产或者服务等措施。

第三十四条　有关国家机关应当依照法律、法规的规定，惩处经营者在提供商品和服务中侵害消费者合法权益的违法犯罪行为。

第三十五条　人民法院应当采取措施，方便消费者提起诉讼。对符合《中华人民共和国民事诉讼法》起诉条件的消费者权益争议，必须受理，及时审理。

第五章　消费者组织

第三十六条　消费者协会和其他消费者组织是依法成立的对商品和服务进行社会监督的保护消费者合法权益的社会组织。

第三十七条　消费者协会履行下列公益性职责：

（一）向消费者提供消费信息和咨询服务，提高消费者维护自身合法权益的能力，引导文明、健康、节约资源和保护环境的消费方式；

（二）参与制定有关消费者权益的法律、法规、规章和强制性标准；

（三）参与有关行政部门对商品和服务的监督、检查；

（四）就有关消费者合法权益的问题，向有关部门反映、查询，提出建议；

（五）受理消费者的投诉，并对投诉事项进行调查、调解；

（六）投诉事项涉及商品和服务质量问题的，可以委托具备资格的鉴定人鉴定，鉴定人应当告知鉴定意见；

（七）就损害消费者合法权益的行为，支持受损害的消费者提起诉讼或者依照本法提起诉讼；

（八）对损害消费者合法权益的行为，通过大众传播媒介予以揭露、批评。

各级人民政府对消费者协会履行职责应当予以必要的经费等支持。

消费者协会应当认真履行保护消费者合法权益的职责，听取消费者的意见和建议，接受社会监督。

依法成立的其他消费者组织依照法律、法规及其章程的规定，开展保护消费者合法权益的活动。

第三十八条　消费者组织不得从事商品经营和营利性服务，不得以收取费用或者其他牟取利益的方式向消费者推荐商品和服务。

第六章　争议的解决

第三十九条　消费者和经营者发生消费者权益争议的，可以通过下列途径解决：

（一）与经营者协商和解；

（二）请求消费者协会或者依法成立的其他调解组织调解；

（三）向有关行政部门投诉；

（四）根据与经营者达成的仲裁协议提请仲裁机构仲裁；

（五）向人民法院提起诉讼。

第四十条　消费者在购买、使用商品时，其合法权益受到损害的，可以向销售者要求赔偿。销售者赔偿后，属于生产者的责任或者属于向销售者提供商品的其他销售者的责任的，销售者有权向生产者或者其他销售者追偿。

消费者或者其他受害人因商品缺陷造成人身、财产损害的，可以向销售者要求赔偿，也可以向生产者要求赔偿。属于生产者责任的，销售者赔偿后，有权向生产者追偿。属于销售者责任的，生产者赔偿后，有权向销售者追偿。

消费者在接受服务时，其合法权益受到损害的，可以向服务者要求赔偿。

第四十一条　消费者在购买、使用商品或者接受服务时，其合法权益受到损害，因原企业分立、合并的，可以向变更后承受其权利义务的企业要求赔偿。

第四十二条　使用他人营业执照的违法经营者提供商品或者服务，损害消费者合法权益的，消费者可以向其要求赔偿，也可以向营业执照的持有人要求赔偿。

第四十三条　消费者在展销会、租赁柜台购买商品或者接受服务，其合法权益受到损害的，可以向销售者或者服务者要求赔偿。展销会结束或者柜台租赁期满后，也可以向展销会的举办者、柜台的出租者要求赔偿。展销会的举办者、柜台的出租者赔偿后，有权向销售者或者服务者追偿。

第四十四条　消费者通过网络交易平台购买商品或者接受服务，其合法权益受到损害的，可以向销售者或者服务者要求赔偿。网络交易平台提供者不能提供销售者或者服务者的真实名称、地址和有效联系方式的，消费者也可以向网络交易平台提供者要求赔偿；网络交易平台提供者作出更有利于消费者的承诺的，应当履行承诺。网络交易平台提供者赔偿后，有权向销售者或者服务者追偿。

网络交易平台提供者明知或者应知销售者或者服务者利用其平台侵害消费者合法权益，未采取必要措施的，依法与该销售者或者服务者承担连带责任。

第四十五条　消费者因经营者利用虚假广告或者其他虚假宣传方式提供商品或者服务，其合法权益受到损害的，可以向经营者要求赔偿。广告经营者、发布者发布虚假广告的，消费者可以请求行政主管部门予以惩处。广告经营者、发布者不能提供经营者的真实名称、地址和有效联系方式的，应当承担赔偿责任。

广告经营者、发布者设计、制作、发布关系消费者生命健康商品或者服务的虚假广告，造成消费者损害的，应当与提供该商品或者服务的经营者承担连带责任。

社会团体或者其他组织、个人在关系消费者生命健康商品或者服务的虚假广告或者其他虚假宣传中向消费者推荐商品或者服务，造成消费者损害的，应当与提供该商品或者服务的经营者承担连带责任。

第四十六条　消费者向有关行政部门投诉的，该部门应当自收到投诉之日起七个工作日内，予以处理并告知消费者。

第四十七条　对侵害众多消费者合法权益的行为，中国消费者协会以及在省、自治区、直辖市设立的消费者协会，可以向人民法院提起诉讼。

第七章　法律责任

第四十八条　经营者提供商品或者服务有下列情形之一的，除本法另有规定外，应当依照其他有关法律、法规的规定，承担民事责任：

（一）商品或者服务存在缺陷的；

（二）不具备商品应当具备的使用性能而出售时未作说明的；

（三）不符合在商品或者其包装上注明采用的商品标准的；

（四）不符合商品说明、实物样品等方式表明的质量状况的；

（五）生产国家明令淘汰的商品或者销售失效、变质的商品的；

（六）销售的商品数量不足的；

（七）服务的内容和费用违反约定的；

（八）对消费者提出的修理、重作、更换、退货、补足商品数量、退还货款和服务费用或者赔偿损失的要求，故意拖延或者无理拒绝的；

（九）法律、法规规定的其他损害消费者权益的情形。

经营者对消费者未尽到安全保障义务，造成消费者损害的，应当承担侵权责任。

第四十九条　经营者提供商品或者服务，造成消费者或者其他受害人人身伤害的，应当赔偿医疗费、护理费、交通费等为治疗和康复支出的合理费用，以及因误工减少的收入。造成残疾的，还应当赔偿残疾生活辅助具费和残疾赔偿金。造成死亡的，还应当赔偿丧葬费和死亡赔偿金。

第五十条　经营者侵害消费者的人格尊严、侵犯消费者人身自由或者侵害消费者个人信息依法得到保护的权利的，应当停止侵害、恢复名誉、消除影响、赔礼道歉，并赔偿损失。

第五十一条　经营者有侮辱诽谤、搜查身体、侵犯人身自由等侵害消费者或者其他受害人人身权益的行为，造成严重精神损害的，受害人可以要求精神损害赔偿。

第五十二条　经营者提供商品或者服务，造成消费者财产损害的，应当依照法律规定或者当事人约定承担修理、重作、更换、退货、补足商品数量、退还货款和服务费用或者赔偿损失等民事责任。

第五十三条　经营者以预收款方式提供商品或者服务的，应当按照约定提供。未按照约定提供的，应当按照消费者的要求履行约定或者退回预付款；并应当承担预付款的利息、消费者必须支付的合理费用。

第五十四条　依法经有关行政部门认定为不合格的商品，消费者要求退货的，经营者应当负责退货。

第五十五条　经营者提供商品或者服务有欺诈行为的，应当按照消费者的要求增加赔偿其受到的损失，增加赔偿的金额为消费者购买商品的价款或者接受服务的费用的三倍；增加赔偿的金额不足五百元的，为五百元。法律另有规定的，依照其规定。

经营者明知商品或者服务存在缺陷，仍然向消费者提供，造成消费者或者其他受害人死亡或者健康严重损害的，受害人有权要求经营者依照本法第四十九条、第五十一条等法律规定赔偿损失，并有权要求所受损失二倍以下的惩罚性赔偿。

第五十六条　经营者有下列情形之一，除承担相应的民事责任外，其他有关法律、法规对处罚机关和处罚方式有规定的，依照法律、法规的规定执行；法律、法规未作规定的，由工商行政管理部门或者其他有关行政部门责令改正，可以根据情节单处或者并处警告、没收违法所得、处以违法所得一倍以上十倍以下的罚款，没有违法所得的，处以五十万元以下的罚款；情节严重的，责令停业整顿、吊销营业执照：

（一）提供的商品或者服务不符合保障人身、财产安全要求的；

（二）在商品中掺杂、掺假，以假充真，以次充好，或者以不合格商品冒充合格商品的；

（三）生产国家明令淘汰的商品或者销售失效、变质的商品的；

（四）伪造商品的产地，伪造或者冒用他人的厂名、厂址，篡改生产日期，伪造或者冒用认证标志等质量标志的；

（五）销售的商品应当检验、检疫而未检验、检疫或者伪造检验、检疫结果的；

（六）对商品或者服务作虚假或者引人误解的宣传的；

（七）拒绝或者拖延有关行政部门责令对缺陷商品或者服务采取停止销售、警示、召回、无害化处理、销毁、停止生产或者服务等措施的；

（八）对消费者提出的修理、重作、更换、退货、补足商品数量、退还货款和服务费用或者赔偿损失的要求，故意拖延或者无理拒绝的；

（九）侵害消费者人格尊严、侵犯消费者人身自由或者侵害消费者个人信息依法得到保护的权利的；

（十）法律、法规规定的对损害消费者权益应当予以处罚的其他情形。

经营者有前款规定情形的，除依照法律、法规规定予以处罚外，处罚机关应当记入信用档案，向社会公布。

第五十七条　经营者违反本法规定提供商品或者服务，侵害消费者合法权益，构成犯罪的，依法追究刑事责任。

第五十八条　经营者违反本法规定，应当承担民事赔偿责任和缴纳罚款、罚金，其财产不足以同时支付的，先承担民事赔偿责任。

第五十九条　经营者对行政处罚决定不服的，可以依法申请行政复议或者提起行政诉讼。

第六十条　以暴力、威胁等方法阻碍有关行政部门工作人员依法执行职务的，依法追究刑事责任；拒绝、阻碍有关行政部门工作人员依法执行职务，未使用暴力、威胁方法的，由公安机关依照《中华人民共和国治安管理处罚法》的规定处罚。

第六十一条　国家机关工作人员玩忽职守或者包庇经营者侵害消费者合法权益的行为的，由其所在单位或者上级机关给予行政处分；情节严重，构成犯罪的，依法追究刑事责任。

第八章　附则

第六十二条　农民购买、使用直接用于农业生产的生产资料，参照本法执行。

第六十三条　本法自 1994 年 1 月 1 日起施行。

《浙江省实施〈中华人民共和国消费者权益保护法〉办法》

（1995 年 12 月 26 日浙江省第八届人民代表大会常务委员会第二十五次会议通过 2000 年 10 月 29 日浙江省第九届人民代表大会常务委员会第二十三次会议第一次修订 2017 年 3 月 30 日浙江省第十二届人民代表大会常务委员会第三十九次会议第二次修订）

第一条 根据《中华人民共和国消费者权益保护法》和有关法律、行政法规，结合本省实际，制定本办法。

第二条 本省行政区域内发生的消费行为或者住所地在本省行政区域内的经营者提供商品或者服务的行为，适用本办法。

消费者为生活消费需要购买、使用商品或者接受服务，其权益受《中华人民共和国消费者权益保护法》和本办法等法律、法规的保护。单位为职工生活需要购买商品或者服务的，依照本办法规定执行。

第三条 本办法由各级人民政府组织实施。县级以上人民政府应当加强对消费者权益保护工作的领导，建立健全协调机制，研究、解决消费者权益保护工作中的重大问题，督促有关行政管理部门做好消费者权益保护工作。

负责工商、质量技术监督、食品药品监督、价格、旅游、卫生、建设、商务、交通运输、教育、农业、林业、渔业、文化体育和广播电视、检验检疫、通信、邮政、金融等管理工作的部门和机构应当在各自职责范围内，依法加强对经营者及其经营行为的监督、管理，及时处理消费者的投诉、举报，查处侵害消费者权益的违法行为。

设区的市和县（市、区）人民政府市场监督管理部门应当设立或者指定保护消费者权益的专门机构，乡（镇）、街道市场监督管理所应当确定保护消费者权益的专门人员，开展消费者权益保护工作。

第四条 省、设区的市和县（市、区）依法成立消费者权益保护委员会。消费者权益保护委员会履行职责所需经费列入同级财政预算。

消费者权益保护委员会由有关部门和行业协会、新闻单位、社会团体与消费者代表等组成，可以根据工作需要设立专业委员会。

第五条 消费者权益保护委员会履行下列公益性职责：

（一）对商品和服务的质量、价格、售后服务和消费者的意见进行调查、比较、分析，并公布结果；

（二）对消费者因合法权益受到损害依法提起诉讼或者申请仲裁的，提供支持和帮助；

（三）对侵害消费者权益的经营者进行约谈，通过大众传播媒介对侵害消费者权益的行为予以劝谕、揭露、批评；

（四）推动行业协会就商品或者服务的质量、售后责任等作出有利于消费者的行业约定或者承诺；

（五）法律、法规规定的其他公益性职责。

第六条　消费者享有《中华人民共和国消费者权益保护法》等有关法律、法规规定的各项权利。消费者应当提高自我保护意识，依法行使权利。

经营者应当遵守《中华人民共和国消费者权益保护法》《中华人民共和国产品质量法》《中华人民共和国价格法》等有关法律、法规的规定，履行保障消费者权益的义务。

第七条　经营者及其工作人员应当依法履行保护消费者个人信息的义务。消费者个人信息包括经营者在提供商品或者服务中获取的消费者姓名、性别、出生日期、身份证件号码、住址、职业、工作单位、联系方式、收入和财产状况、消费交易记录以及反映健康状况的体检及诊断报告、病史、治疗记录或者医疗美容记录、生物识别信息等能够单独或者与其他信息结合识别公民个人身份的信息。

第八条　经营者在经营活动中使用的格式条款、通知、声明、店堂告示等应当符合法律、法规规定。对格式条款、通知、声明、店堂告示等内容的理解发生争议的，应当按照通常理解予以解释；有两种以上解释的，应当作有利于消费者的解释。

经营者及其工作人员在提供商品或者服务时对商品或者服务的介绍、承诺，以及对消费者询问、投诉的答复，视为经营者的行为。

第九条　宾馆、商场、餐馆、银行、客运场站、影剧院、游泳池、洗浴室、健身房、游乐园、风景区等经营场所的经营者，应当对消费者尽到安全保障义务，为消费者提供安全的消费环境，保证其经营场地、服务设施、店堂装潢、商品陈列、网络环境等符合保障人身、财产安全的要求；对可能危及消费者人身、财产安全的场所和设施，经营者应当以显著的方式设置安全使用说明、警示标识，并采取必要的安全防护措施。

经营者提供可能危及人身安全的游乐服务的，应当建立安全管理制度和应急预案，按照规定配备安全防护人员并督促其履行职责。消费者的人身、财产遇到危险或者不法侵害时，经营者应当给予及时、必要的救助。

第十条　经营者自营业执照核准登记之日起六个月后，方可发放单用途商业预付凭证（以下简称预付凭证）。预付凭证包括磁条卡、芯片卡、纸券等实体预付卡，或者以密码、串码、图形、生物特征信息、电子数据等为载体的虚拟预付凭证。

企业法人提供的单张记名预付凭证金额不得超过五千元，单张不记名预付凭证金额不得超过一千元；其他经营者对同一消费者提供的记名预付凭证金额不得超过两千元，单张不记名预付凭证金额不得超过五百元。但是，预付款存入第三方支付平台并且凭消费者指令支付的除外。

预付凭证金额超过前款规定的最高限额的，消费者有权要求退还超过限额部分的款额，经营者不得因此减少或者取消已经承诺的优惠。

第十一条　经营者应当在发放预付凭证的合同中明确下列事项：

（一）企业经营者的名称、住所地、联系人及联系方式，个体工商户经营者的姓名及身份证明、住址和联系方式；

（二）提供商品或者服务的名称、价格、地点、期限等；

（三）预付款缴存方式、金额、优惠措施；有第三方支付平台的，应当明确第三方支付平台的单位及联系人、扣付方式、退款条件等。

在设定的使用期限内不限制消费次数的年卡、季卡等记名预付凭证，消费者因居住地变化、身体健康等客观原因需要转让预付凭证的，经营者应当允许，并不得收取额外费用。消费者因预付凭证遗失要求挂失的，经营者不得拒绝。

以消费者实际购买的商品或者接受的服务扣付费用并设定使用期限的预付凭证，在设定的使用期限届满后，经营者应当退还预付款余额或者延长期限，并不得收取额外费用。

经营者未按约定提供商品或者服务的，消费者有权要求退还预付款余额，并要求依法赔偿损失；消费者已享受的折扣等优惠，经营者不得在消费者的预付款余额中扣减。

经营者终止经营活动的，应当提前三十日发布告示，并以电话、短信、电子邮件等形式告知消费者，消费者有权要求退还预付款余额。经营者终止经营活动后，承受其权利义务的经营者应当继续向持有预付凭证的消费者提供商品或者服务，不得对消费者增设新的条件或者减损消费者的权利。

消费者要求退还预付款余额的，经营者应当自消费者要求退款之日起五日内予以退还。

本办法所称预付凭证，不包括城市公共交通的月票或者月卡。

第十二条 考试培训、兴趣班或者辅导班、驾驶员培训等营利性培训经营者应当与消费者订立书面合同，明确培训项目、课程内容和课时数量、教师资格资质、教学培训地点、设施设备、收费项目和标准等内容。

国家和省对培训资格、预收费用最高限额、资金存管和扣付方式等有规定的，应当遵守该规定。

经营者及其工作人员有辱骂、体罚学员等严重违反教育规范行为或者经营者有违反合同约定行为，导致消费者无法继续接受培训或者继续培训无法达到预期效果的，消费者有权要求经营者退还相应费用，并要求依法赔偿损失，经营者应当自消费者要求退费之日起五日内予以退还。

第十三条 经营者提供的赠品或者免费服务，应当符合质量要求；赠品或者免费服务的质量存在瑕疵的，应当向消费者事先说明。

经营者因其提供商品或者服务的质量问题依法承担退货或者退款责任时，不得要求消费者退还赠品，不得将赠品、免费服务折价抵扣退款。

第十四条 餐饮业经营者对食材的产地、品质和价格（计量单位）不得作引人误解的表示，对消费者选定的酒水菜品及价款，下单前应当经消费者确认；未经消费者确认发生争议的，按照有利于消费者的原则处理。

第十五条 修理、加工业经营者应当事先告知消费者修理、加工所需要的零部件、材料、期限、费用等真实情况，经消费者同意后，再进行修理、加工，并保证修理、加工质量。

　　经营者不得偷换零部件或者更换不需要更换的零部件，不得使用不符合质量标准或者与约定不相符的零部件或者材料，不得偷工减料或者谎报用工用料。

　　经营者对修理的部位应当予以包修，包修期不得少于三十日，自商品修复后交付消费者之日起计算。

　　第十六条　摄影摄像、冲印业经营者应当保证摄影、冲印照片和摄制录像的质量。照片或者录像存在明显瑕疵或者因经营者保管不善遗失的，经营者应当根据消费者的要求免费修复或者重拍、重印，并依法赔偿损失。经营者不得自行保留消费者的照片和底片。

　　第十七条　美容医疗机构提供医疗美容服务的（因疾病治疗涉及的修复重建除外），应当事先向消费者本人或者其监护人书面告知实施医疗美容项目的适应证、禁忌证、美容方式和效果、医疗风险、医用材料、负责实施医疗美容项目的主诊医师和注意事项等，并取得消费者本人或者其监护人的书面确认。对美容效果的约定应当以图片、音像等事后可以核对的方式保留。因美容医疗机构责任导致医疗美容达不到约定效果或者消费者容貌受损的，美容医疗机构应当根据消费者的要求退还费用或者重作，并依法赔偿损失。

　　美容医疗机构明知其服务存在缺陷仍然向消费者提供服务，或者未取得资质的机构和个人实施医疗美容，造成消费者死亡或者健康损害的，受害人有权依照《中华人民共和国消费者权益保护法》第五十五条的规定向经营者要求赔偿。

　　第十八条　供水、供电、供气、电信、有线电视等公用事业经营者应当公示提供商品或者服务的质量标准和收费标准；提供的商品或者服务未达到公示标准的，应当根据消费者的要求采取补救措施，并依法赔偿损失。

　　经营者应当配备和使用符合规定的计量器具，保证计量准确；对消费者有关计量的投诉，应当自接到投诉之日起三日内核查，并在查明原因后及时告知消费者。水、电、气、通话时间、网络流量等计量异常增加，经营者没有证据证明是消费者责任的，不得要求消费者承担由此产生的费用。消费者对计量有异议的，应当自收到费用账单之日起六个月内提出。

　　电信、有线电视等经营者提供收费服务或者免费使用服务的，应当在合同期满前十五日内向消费者作出明确提示，由消费者确认是否延续服务。未经消费者确认延续提供服务的，经营者对延续提供的服务不得收取费用。终止服务后，消费者需要退还设有押金、保证金的设备的，有权要求经营者提供免费上门服务。

　　第十九条　商品房因勘察、设计、施工原因，在设计使用期限内发生地基下沉、房屋倾斜、承重的柱墙梁板等构件结构开裂变形等问题，超出工程建设强制性标准规定的安全限值，无法维修或者一次维修后仍超出安全限值的，消费者有权要求退房，并要求依法赔偿损失。

　　商品房的屋面防水工程，有防水要求的厨房、卫生间、地下室和外墙面的防渗漏保修期限不得低于八年，保修期限自商品房交付消费者之日起计算。商品房因勘察、设计、施工原因，在保修期限内发生渗漏的，经营者应当自与消费者就维修方案达成一致之日起六个月内予以修复，并依法赔偿损失；同一区位的渗漏，经营者自与消费者就维修方案达成一致之日起六个月内未予修复的，消费者有权要求退房或者自行委托维修单位进行维修，维修费用由经营者承担。保修期限内的维修费用（包括公共部位的维修费用）由经营者承担。

根据本条第一款、第二款规定退房的，遇价格下降时，按原价格退还房款；遇价格上涨时，按同类地段同类商品房标准的新价格退还房款。

第二十条　房地产经营者销售全装修商品房的，应当在合同中明确所用主要装修材料的名称、品牌、规格、型号、等级和施工质量标准等内容；提供室内设施设备的，应当明确提供的设施设备的名称、品牌、规格、型号、等级和安装标准等内容。

全装修商品房交付时，经营者应当提供项目竣工验收时委托第三方专业检测机构出具的空气质量检测合格报告、电气网络管线和给排水管道等隐蔽工程的设计施工资料。埋设在墙体、地面内的电气网络管线和给排水管道等隐蔽工程的保修期限不得低于八年，自全装修商品房交付消费者之日起计算。

房地产经营者预售全装修商品房的，应当提供交付样板房。交付样板房的保留时间，自全装修商品房交付消费者之日起不少于六个月，或者自建设项目竣工验收合格之日起不少于两年。全装修商品房的展示样板房、模型、展示板以及广告对于合同订立有重大影响的，应当作为房屋装修质量的交付标准。

第二十一条　住宅装修经营者应当与消费者订立书面合同，明确施工期限、施工质量、施工费用、质量保证方式、违约责任等内容；由经营者提供装修材料的，应当书面约定材料的名称、品牌、规格、型号、等级和价格等。

埋设在墙体、地面内的电气网络管线和给排水管道等隐蔽工程的保修期限不得低于八年，其他装修部位的保修期限不得低于两年，自装修工程竣工验收合格之日起计算。

第二十二条　快递经营者应当按照国家有关规定对消费者交寄的快递物品内件进行验视，保存相关记录，妥善堆放、装卸和运载快递物品，在承诺时间内将快递物品投递到约定的收件地址，并由收件人或者其指定的代收人签收，双方也可以约定以智能自助快递柜等方式进行投递和签收。

经营者在接收快递物品时，应当事先要求消费者申报物品的实际价值；消费者在交寄文件资料（包括照片、图片、合同等，下同）或者对其具有特殊意义的物品时，应当事先申报文件资料或者物品的价值。快递物品属于易碎易损物品或者消费者申报的价值超过一定限值的，经营者可以要求消费者就超过限值部分进行保价寄递。

快递物品因经营者责任遗失或者损毁，事先申报价值的，经营者应当按照申报价值予以赔偿；事先未申报价值但事后能够确定实际价值的，经营者应当按照实际价值予以赔偿；事先未申报且事后无法确定实际价值的，由双方协商确定赔偿数额，协商不成的，由经营者按照所收取资费十倍的标准予以赔偿，但最高额不超过八百元。

第二十三条　金融机构依法销售自有金融产品或者代理销售金融产品的，应当建立产品信息查询服务平台，履行信息披露义务，向消费者告知金融产品的发行主体、产品属性、投资风险和担保设定等情况，不得夸大产品收益率或者隐瞒重要风险信息，不得提供虚假或者引人误解的产品信息。告知情况应当经消费者书面确认或者以其他事后可以核查的方式确认。

　　银行业金融机构应当建立自有理财或者代理产品销售专门区域，设立明显标识，并按照规定要求保存有关销售情况的录音录像记录或者数据信息，不得允许非本机构工作人员在其营业场所从事产品宣传推介、销售等活动。银行业金融机构对非本机构工作人员在其营业场所内从事的宣传推介、销售等活动依法承担赔偿责任。

　　第二十四条　第三方网络交易平台提供者应当按照规定要求建立并实施平台交易规则、交易安全保障、消费者投诉快速处理、信用评价、商品或者服务质量监控等管理制度，保证消费者能够便利、完整阅览和保存各项管理制度。

　　第三方网络交易平台提供者应当对网上经营者的名称、地址和联系方式等信息进行核查和登记，保证信息的真实有效，并在网上经营者从事经营活动的主页面的醒目位置予以公开。

　　消费者因对网上经营者作出负面评价而遭受其骚扰或者威胁的，第三方网络交易平台提供者查证核实后，应当按照平台管理制度采取措施，对该网上经营者作出信用降级、不良行为记录等处理或者停止对其提供平台服务。

　　第三方网络交易平台提供者应当设立消费者权益保障金，并公开消费者权益保障金的管理和使用办法。网上经营者对消费者提出的合理要求故意拖延或者无理拒绝的，第三方网络交易平台提供者应当使用消费者权益保障金先行赔付。

　　第二十五条　除国家规定实行包修、包换、包退（以下简称三包）的商品外，省工商行政管理部门应当会同省质量技术监督、商务主管部门和有关行业主管部门，根据本省实际规定实行三包的商品目录以及相应商品的三包有效期限、三包责任。

　　国家和省规定或者经营者与消费者约定实行三包的商品，经营者在出售商品时应当出具三包凭证，并确定具备条件的维修单位。三包凭证应当明确消费者的权利和义务。

　　第二十六条　国家和省规定实行三包的商品不符合质量要求的，自商品交付之日起七日内，经营者应当根据消费者的要求予以退货、更换或者修理；自商品交付之日起十五日内，经营者应当根据消费者的要求予以更换或者修理。

　　经营者按照三包规定承担退货责任的，应当根据商品的发票价格一次性退清货款，不得收取折旧费、使用补偿费等任何费用。

　　经营者按照三包规定承担更换责任的，应当免费为消费者调换同型号的商品。无同型号商品的，经营者应当根据消费者的要求予以退货，退货时不得收取折旧费、使用补偿费等任何费用。

　　经营者按照三包规定承担修理责任的，应当自收到消费者要求修理的商品之日起五日内修复，并不得收取材料费、人工费等任何费用。经营者应当在三包凭证上如实记录每次接受修理的日期、维修所占时间、修理部位、故障原因等情况，在三包有效期限内不得删除修理记录。经营者未在五日内修复的，应当为消费者提供同类相应规格的商品在维修期间使用。

　　商品在三包有效期限内经两次修理仍不能正常使用、全部修理时间累计超过三十五日，或者因经营者原因无法提供维修服务的，经营者应当根据消费者的要求予以退货或者更换。消费者选择退货的，按照本条第二款规定执行。商品在三包有效期限内修理或者部件更换的，其修理部位或者更换部件自商品交付消费者之日起重新执行原规定的包修期；其他部位的包修期应当扣除维修占用的时间。

家用汽车产品三包有效期限内更换或者退货的条件，按照本办法第二十七条规定执行。

第二十七条 家用汽车产品自销售者开具机动车销售统一发票之日起六十日内或者行驶里程三千公里内（以先到者为准），出现转向系统失效、制动系统失效、车身开裂、燃油泄漏、安全装置失效、车辆自燃或者因其他质量问题引起车辆失控，或者发动机、变速器的主要零件出现产品质量问题的，家用汽车产品销售者或者生产者应当根据消费者的要求予以整车更换或者退货，并依法赔偿损失。

家用汽车产品自销售者开具机动车销售统一发票之日起两年内或者行驶里程五万公里内（以先到者为准），发生下列情况之一的，家用汽车产品销售者或者生产者应当根据消费者的要求予以整车更换或者退货，并依法赔偿损失：

（一）因严重安全性能故障累计进行两次修理，严重安全性能故障仍未排除或者又出现新的严重安全性能故障的；

（二）因质量问题，发动机整体或者其主要零件分别或者合计更换两次后、变速器整体或者其主要零件分别或者合计更换两次后、发动机和变速器整体合计更换两次后，仍不能正常使用的；

（三）转向系统、制动系统、悬架系统、车桥、车身的主要零件因质量问题，分别更换两次后仍不能正常使用的。

发动机、变速器、转向系统、制动系统、悬架系统、车桥、车身的主要零件，经营者应当根据国家相关标准在三包凭证上明示。

家用汽车产品三包有效期限内，除经营者能够证明出现产品故障与消费者使用、维护或者改装有直接因果关系外，经营者不能免除三包责任。

第二十八条 家用二手汽车销售经营者应当对二手汽车的来源是否合法、行驶里程、维修记录、交易记录、车辆存在问题等重要信息在出售前进行全面核查、检测，并将核查、检测的准确结果以书面或者其他可以确认的方式告知消费者。二手汽车的行驶里程、维修等情况无法核查的，应当将无法核查的事实和可能存在的隐患以书面或者其他可以核查的方式告知消费者。

经营者应当保证其销售的二手汽车安全性能良好；自开具二手车销售统一发票之日起六十日内或者行驶里程三千公里内（以先到者为准），二手汽车发生安全性能故障的，经营者应当承担包修责任。

经营者未按本条第一款的规定对二手汽车进行核查、检测或者隐瞒、谎报核查、检测结果，造成消费者损失的，消费者有权依照《中华人民共和国消费者权益保护法》第五十五条的规定向经营者要求赔偿。

第二十九条 按照三包规定由经营者负责修理、更换、退货的商品，经营者应当上门服务或者承担消费者运送商品支付的必要费用。对其中的大件商品，经营者要求消费者运送的，经营者应当承担运输费、误工费、差旅费等合理费用。

前款所称的大件商品目录以及运输费、误工费、差旅费的具体标准，由省工商行政管理部门会同其他有关部门制定。

第三十条 经营者提供的机动车、计算机、电视机、电冰箱、空调器、洗衣机等耐用商品或者装饰装修等服务，消费者自接受商品或者服务之日起六个月内发现瑕疵，发生争议的，由经营者承担有关瑕疵的举证责任。其中属于国家和省规定的三包商品的，在三包有效期限内由经营者承担有关三包责任的举证责任。

消费者提供的经营者维修过程的录音录像或者照片，以及经营者提供的维修单据，可以作为确定修理次数的证据。

第三十一条 经营者对消费者提出的修理、重作、更换、退货、补足商品数量、退还货款和服务费用或者赔偿损失的要求，应当按照规定或者约定履行义务，不得故意拖延或者无理拒绝。

前款所称的故意拖延或者无理拒绝是指：

（一）经营者以故意变更联系电话或者拒绝接听电话等方式，致使消费者无法有效联系；

（二）经营者自接到消费者向其提出履行义务的要求或者行政管理部门、消费者权益保护委员会要求处理争议的通知之日起五日内不作答复；

（三）经营者自承诺履行义务后三日内或者在消费者同意的期限内仍不实际履行承诺的义务；

（四）不履行行政管理部门作出的生效决定或者消费者权益保护委员会依法作出的调解协议；

（五）国家规定的其他故意拖延或者无理拒绝的情形。

第三十二条 消费者就消费者权益争议向消费者权益保护委员会投诉的，消费者权益保护委员会应当自接到投诉之日起五个工作日内按照规定作出是否受理的决定。

消费者权益保护委员会受理投诉后，应当在十个工作日内进行调解。达成调解协议的，当事人应当按照调解协议履行。

行政管理部门对消费者权益保护委员会提出的查询，应当在五个工作日内作出答复。拒不答复的，消费者权益保护委员会可以向有关行政管理部门的本级人民政府或者其上级行政机关报告，也可以通过大众传播媒介予以披露。

第三十三条 行政管理部门对消费者的投诉或者消费者权益保护委员会转交的投诉，应当自收到投诉之日起七个工作日内作出是否受理的决定，并以可以核查的方式告知投诉人或者消费者权益保护委员会。对以书面方式投诉的，行政管理部门可以对投诉人是否为消费者本人或者其委托代理人予以核实。

行政管理部门决定不予受理的，应当书面说明理由。行政管理部门决定受理的，应当及时处理。确属经营者责任的，行政管理部门可以责令其负责修理、重作、更换、退货、补足商品数量、退还货款和服务费用。

第三十四条 消费者权益保护委员会或者行政管理部门调解消费争议达成调解协议的，双方当事人可以向人民法院申请司法确认。人民法院应当及时审查，依法确认调解协议的效力。

第三十五条 大型商场、大型超市、商品交易市场、网络交易平台、电视购物平台、公共服务企业、旅游景区等消费集中的场所，应当建立快速处理消费争议的绿色通道，工商行政管理部门、消费者权益保护委员会应当予以指导。

第三十六条 消费者与经营者因商品或者服务质量发生争议需要进行检验、鉴定的，可以提交共同约定的检验、鉴定机构进行检验、鉴定；消费者与经营者对检验、鉴定机构无法协商一致的，可以由受理投诉的行政管理部门、消费者权益保护委员会确定的检验、鉴定机构进行检验、鉴定。

检验、鉴定费用由经营者先行垫付，消费者提供等额担保，最终由责任方承担。

商品或者服务质量争议因客观条件无法根据本条第一款规定检验、鉴定的，可以由受理投诉的行政管理部门、消费者权益保护委员会聘请的专家出具意见。

第三十七条 经营者提供商品或者服务侵害消费者人身权益，给消费者造成精神损害的，应当停止侵害、恢复名誉、消除影响、赔礼道歉，并给予精神损害赔偿；有下列情形之一的，应当给予五千元以上的精神损害赔偿：

（一）侮辱或者捏造事实诽谤消费者，情节严重的；

（二）搜查消费者的身体或者其携带物品的；

（三）侵犯消费者人身自由的；

（四）其他给消费者造成严重精神损害的。

第三十八条 经营者有违反本办法第十条、第十一条规定行为的，由商务主管部门责令改正；经营者拒不改正的，处一万元以上十万元以下的罚款。

经营者有违反本办法第十二条规定行为的，由教育、人力资源、工商、道路运输等主管部门或者管理机构按照各自职责责令改正；拒不改正的，处一万元以上十万元以下的罚款。

房地产经营者违反本办法第二十条第三款规定，未按规定提供交付样板房或者未按规定时间保留交付样板房的，由建设行政主管部门处十万元以上五十万元以下的罚款。

第三方网络交易平台提供者违反本办法第二十四条第一款规定，未按规定要求建立并实施平台交易规则、交易安全保障、消费者投诉快速处理、信用评价、商品或者服务质量监控等管理制度的，由工商行政管理部门或者商务主管部门按照各自职责责令改正，处五万元以上五十万元以下的罚款。

经营者有违反法律、法规规定情形的，除依法予以处罚外，处罚机关应当将对经营者的处罚决定等信息记入信用档案，向社会公布。

第三十九条 工商行政管理部门或者其他有关行政管理部门查处侵害消费者权益的违法行为时，可以按照规定程序行使下列职权：

（一）询问有关当事人、利害关系人、证人，并要求提供证明材料或者与违法行为有关的其他资料；

（二）检查与违法行为有关的场所、财物，责令被检查的经营者说明商品的来源和数量，责令暂停销售商品或者提供服务；

（三）查阅、复制与违法行为有关的合同、发票、账册、文件、广告宣传品和其他资料。

第四十条 国家规定或者经营者承诺更有利于保护消费者权益的，应当按照国家规定或者经营者承诺执行。

第四十一条 本办法自 2017 年 5 月 1 日起施行。

《中华人民共和国食品安全法》(节选)

(2009 年 2 月 28 日第十一届全国人民代表大会常务委员会第七次会议通过 2015 年 4 月 24 日第十二届全国人民代表大会常务委员会第十四次会议修订 根据 2018 年 12 月 29 日第十三届全国人民代表大会常务委员会第七次会议《关于修改〈中华人民共和国产品质量法〉等五部法律的决定》第一次修正 根据 2021 年 4 月 29 日第十三届全国人民代表大会常务委员会第二十八次《关于修改〈中华人民共和国道路交通安全法〉等八部法律的决定》第二次修正)

第四章 食品生产经营

第一节 一般规定

第三十三条 食品生产经营应当符合食品安全标准,并符合下列要求:

(一)具有与生产经营的食品品种、数量相适应的食品原料处理和食品加工、包装、贮存等场所,保持该场所环境整洁,并与有毒、有害场所以及其他污染源保持规定的距离;

(二)具有与生产经营的食品品种、数量相适应的生产经营设备或者设施,有相应的消毒、更衣、盥洗、采光、照明、通风、防腐、防尘、防蝇、防鼠、防虫、洗涤以及处理废水、存放垃圾和废弃物的设备或者设施;

(三)有专职或者兼职的食品安全专业技术人员、食品安全管理人员和保证食品安全的规章制度;

(四)具有合理的设备布局和工艺流程,防止待加工食品与直接入口食品、原料与成品交叉污染,避免食品接触有毒物、不洁物;

(五)餐具、饮具和盛放直接入口食品的容器,使用前应当洗净、消毒,炊具、用具用后应当洗净,保持清洁;

(六)贮存、运输和装卸食品的容器、工具和设备应当安全、无害,保持清洁,防止食品污染,并符合保证食品安全所需的温度、湿度等特殊要求,不得将食品与有毒、有害物品一同贮存、运输;

(七)直接入口的食品应当使用无毒、清洁的包装材料、餐具、饮具和容器;

(八)食品生产经营人员应当保持个人卫生,生产经营食品时,应当将手洗净,穿戴清洁的工作衣、帽等;销售无包装的直接入口食品时,应当使用无毒、清洁的容器、售货工具和设备;

(九)用水应当符合国家规定的生活饮用水卫生标准;

(十)使用的洗涤剂、消毒剂应当对人体安全、无害;

(十一)法律、法规规定的其他要求。

非食品生产经营者从事食品贮存、运输和装卸的,应当符合前款第六项的规定。

第三十四条　禁止生产经营下列食品、食品添加剂、食品相关产品：

（一）用非食品原料生产的食品或者添加食品添加剂以外的化学物质和其他可能危害人体健康物质的食品，或者用回收食品作为原料生产的食品；

（二）致病性微生物，农药残留、兽药残留、生物毒素、重金属等污染物质以及其他危害人体健康的物质含量超过食品安全标准限量的食品、食品添加剂、食品相关产品；

（三）用超过保质期的食品原料、食品添加剂生产的食品、食品添加剂；

（四）超范围、超限量使用食品添加剂的食品；

（五）营养成分不符合食品安全标准的专供婴幼儿和其他特定人群的主辅食品；

（六）腐败变质、油脂酸败、霉变生虫、污秽不洁、混有异物、掺假掺杂或者感官性状异常的食品、食品添加剂；

（七）病死、毒死或者死因不明的禽、畜、兽、水产动物肉类及其制品；

（八）未按规定进行检疫或者检疫不合格的肉类，或者未经检验或者检验不合格的肉类制品；

（九）被包装材料、容器、运输工具等污染的食品、食品添加剂；

（十）标注虚假生产日期、保质期或者超过保质期的食品、食品添加剂；

（十一）无标签的预包装食品、食品添加剂；

（十二）国家为防病等特殊需要明令禁止生产经营的食品；

（十三）其他不符合法律、法规或者食品安全标准的食品、食品添加剂、食品相关产品。

第三十五条　国家对食品生产经营实行许可制度。从事食品生产、食品销售、餐饮服务，应当依法取得许可。但是，销售食用农产品和仅销售预包装食品的，不需要取得许可。仅销售预包装食品的，应当报所在地县级以上地方人民政府食品安全监督管理部门备案。

县级以上地方人民政府食品安全监督管理部门应当依照《中华人民共和国行政许可法》的规定，审核申请人提交的本法第三十三条第一款第一项至第四项规定要求的相关资料，必要时对申请人的生产经营场所进行现场核查；对符合规定条件的，准予许可；对不符合规定条件的，不予许可并书面说明理由。

第三十六条　食品生产加工小作坊和食品摊贩等从事食品生产经营活动，应当符合本法规定的与其生产经营规模、条件相适应的食品安全要求，保证所生产经营的食品卫生、无毒、无害，食品安全监督管理部门应当对其加强监督管理。

县级以上地方人民政府应当对食品生产加工小作坊、食品摊贩等进行综合治理，加强服务和统一规划，改善其生产经营环境，鼓励和支持其改进生产经营条件，进入集中交易市场、店铺等固定场所经营，或者在指定的临时经营区域、时段经营。

食品生产加工小作坊和食品摊贩等的具体管理办法由省、自治区、直辖市制定。

第三十七条　利用新的食品原料生产食品，或者生产食品添加剂新品种、食品相关产品新品种，应当向国务院卫生行政部门提交相关产品的安全性评估材料。国务院卫生行政部门应当自收到申请之日起六十日内组织审查；对符合食品安全要求的，准予许可并公布；对不符合食品安全要求的，不予许可并书面说明理由。

第三十八条 生产经营的食品中不得添加药品，但是可以添加按照传统既是食品又是中药材的物质。按照传统既是食品又是中药材的物质目录由国务院卫生行政部门会同国务院食品安全监督管理部门制定、公布。

第三十九条 国家对食品添加剂生产实行许可制度。从事食品添加剂生产，应当具有与所生产食品添加剂品种相适应的场所、生产设备或者设施、专业技术人员和管理制度，并依照本法第三十五条第二款规定的程序，取得食品添加剂生产许可。

生产食品添加剂应当符合法律、法规和食品安全国家标准。

第四十条 食品添加剂应当在技术上确有必要且经过风险评估证明安全可靠，方可列入允许使用的范围；有关食品安全国家标准应当根据技术必要性和食品安全风险评估结果及时修订。

食品生产经营者应当按照食品安全国家标准使用食品添加剂。

第四十一条 生产食品相关产品应当符合法律、法规和食品安全国家标准。对直接接触食品的包装材料等具有较高风险的食品相关产品，按照国家有关工业产品生产许可证管理的规定实施生产许可。食品安全监督管理部门应当加强对食品相关产品生产活动的监督管理。

第四十二条 国家建立食品安全全程追溯制度。

食品生产经营者应当依照本法的规定，建立食品安全追溯体系，保证食品可追溯。国家鼓励食品生产经营者采用信息化手段采集、留存生产经营信息，建立食品安全追溯体系。

国务院食品安全监督管理部门会同国务院农业行政等有关部门建立食品安全全程追溯协作机制。

第四十三条 地方各级人民政府应当采取措施鼓励食品规模化生产和连锁经营、配送。

国家鼓励食品生产经营企业参加食品安全责任保险。

第二节 生产经营过程控制

第四十四条 食品生产经营企业应当建立健全食品安全管理制度，对职工进行食品安全知识培训，加强食品检验工作，依法从事生产经营活动。

食品生产经营企业的主要负责人应当落实企业食品安全管理制度，对本企业的食品安全工作全面负责。

食品生产经营企业应当配备食品安全管理人员，加强对其培训和考核。经考核不具备食品安全管理能力的，不得上岗。食品安全监督管理部门应当对企业食品安全管理人员随机进行监督抽查考核并公布考核情况。监督抽查考核不得收取费用。

第四十五条 食品生产经营者应当建立并执行从业人员健康管理制度。患有国务院卫生行政部门规定的有碍食品安全疾病的人员，不得从事接触直接入口食品的工作。

从事接触直接入口食品工作的食品生产经营人员应当每年进行健康检查，取得健康证明后方可上岗工作。

第四十六条　食品生产企业应当就下列事项制定并实施控制要求，保证所生产的食品符合食品安全标准：

（一）原料采购、原料验收、投料等原料控制；

（二）生产工序、设备、贮存、包装等生产关键环节控制；

（三）原料检验、半成品检验、成品出厂检验等检验控制；

（四）运输和交付控制。

第四十七条　食品生产经营者应当建立食品安全自查制度，定期对食品安全状况进行检查评价。生产经营条件发生变化，不再符合食品安全要求的，食品生产经营者应当立即采取整改措施；有发生食品安全事故潜在风险的，应当立即停止食品生产经营活动，并向所在地县级人民政府食品安全监督管理部门报告。

第四十八条　国家鼓励食品生产经营企业符合良好生产规范要求，实施危害分析与关键控制点体系，提高食品安全管理水平。

对通过良好生产规范、危害分析与关键控制点体系认证的食品生产经营企业，认证机构应当依法实施跟踪调查；对不再符合认证要求的企业，应当依法撤销认证，及时向县级以上人民政府食品安全监督管理部门通报，并向社会公布。认证机构实施跟踪调查不得收取费用。

第四十九条　食用农产品生产者应当按照食品安全标准和国家有关规定使用农药、肥料、兽药、饲料和饲料添加剂等农业投入品，严格执行农业投入品使用安全间隔期或者休药期的规定，不得使用国家明令禁止的农业投入品。禁止将剧毒、高毒农药用于蔬菜、瓜果、茶叶和中草药材等国家规定的农作物。

食用农产品的生产企业和农民专业合作经济组织应当建立农业投入品使用记录制度。

县级以上人民政府农业行政部门应当加强对农业投入品使用的监督管理和指导，建立健全农业投入品安全使用制度。

第五十条　食品生产者采购食品原料、食品添加剂、食品相关产品，应当查验供货者的许可证和产品合格证明；对无法提供合格证明的食品原料，应当按照食品安全标准进行检验；不得采购或者使用不符合食品安全标准的食品原料、食品添加剂、食品相关产品。

食品生产企业应当建立食品原料、食品添加剂、食品相关产品进货查验记录制度，如实记录食品原料、食品添加剂、食品相关产品的名称、规格、数量、生产日期或者生产批号、保质期、进货日期以及供货者名称、地址、联系方式等内容，并保存相关凭证。记录和凭证保存期限不得少于产品保质期满后六个月；没有明确保质期的，保存期限不得少于二年。

第五十一条　食品生产企业应当建立食品出厂检验记录制度，查验出厂食品的检验合格证和安全状况，如实记录食品的名称、规格、数量、生产日期或者生产批号、保质期、检验合格证号、销售日期以及购货者名称、地址、联系方式等内容，并保存相关凭证。记录和凭证保存期限应当符合本法第五十条第二款的规定。

第五十二条　食品、食品添加剂、食品相关产品的生产者，应当按照食品安全标准对所生产的食品、食品添加剂、食品相关产品进行检验，检验合格后方可出厂或者销售。

第五十三条 食品经营者采购食品，应当查验供货者的许可证和食品出厂检验合格证或者其他合格证明（以下称合格证明文件）。

食品经营企业应当建立食品进货查验记录制度，如实记录食品的名称、规格、数量、生产日期或者生产批号、保质期、进货日期以及供货者名称、地址、联系方式等内容，并保存相关凭证。记录和凭证保存期限应当符合本法第五十条第二款的规定。

实行统一配送经营方式的食品经营企业，可以由企业总部统一查验供货者的许可证和食品合格证明文件，进行食品进货查验记录。

从事食品批发业务的经营企业应当建立食品销售记录制度，如实记录批发食品的名称、规格、数量、生产日期或者生产批号、保质期、销售日期以及购货者名称、地址、联系方式等内容，并保存相关凭证。记录和凭证保存期限应当符合本法第五十条第二款的规定。

第五十四条 食品经营者应当按照保证食品安全的要求贮存食品，定期检查库存食品，及时清理变质或者超过保质期的食品。

食品经营者贮存散装食品，应当在贮存位置标明食品的名称、生产日期或者生产批号、保质期、生产者名称及联系方式等内容。

第五十五条 餐饮服务提供者应当制定并实施原料控制要求，不得采购不符合食品安全标准的食品原料。倡导餐饮服务提供者公开加工过程，公示食品原料及其来源等信息。

餐饮服务提供者在加工过程中应当检查待加工的食品及原料，发现有本法第三十四条第六项规定情形的，不得加工或者使用。

第五十六条 餐饮服务提供者应当定期维护食品加工、贮存、陈列等设施、设备；定期清洗、校验保温设施及冷藏、冷冻设施。

餐饮服务提供者应当按照要求对餐具、饮具进行清洗消毒，不得使用未经清洗消毒的餐具、饮具；餐饮服务提供者委托清洗消毒餐具、饮具的，应当委托符合本法规定条件的餐具、饮具集中消毒服务单位。

第五十七条 学校、托幼机构、养老机构、建筑工地等集中用餐单位的食堂应当严格遵守法律、法规和食品安全标准；从供餐单位订餐的，应当从取得食品生产经营许可的企业订购，并按照要求对订购的食品进行查验。供餐单位应当严格遵守法律、法规和食品安全标准，当餐加工，确保食品安全。

学校、托幼机构、养老机构、建筑工地等集中用餐单位的主管部门应当加强对集中用餐单位的食品安全教育和日常管理，降低食品安全风险，及时消除食品安全隐患。

第五十八条 餐具、饮具集中消毒服务单位应当具备相应的作业场所、清洗消毒设备或者设施，用水和使用的洗涤剂、消毒剂应当符合相关食品安全国家标准和其他国家标准、卫生规范。

餐具、饮具集中消毒服务单位应当对消毒餐具、饮具进行逐批检验，检验合格后方可出厂，并应当随附消毒合格证明。消毒后的餐具、饮具应当在独立包装上标注单位名称、地址、联系方式、消毒日期以及使用期限等内容。

第五十九条　食品添加剂生产者应当建立食品添加剂出厂检验记录制度，查验出厂产品的检验合格证和安全状况，如实记录食品添加剂的名称、规格、数量、生产日期或者生产批号、保质期、检验合格证号、销售日期以及购货者名称、地址、联系方式等相关内容，并保存相关凭证。记录和凭证保存期限应当符合本法第五十条第二款的规定。

第六十条　食品添加剂经营者采购食品添加剂，应当依法查验供货者的许可证和产品合格证明文件，如实记录食品添加剂的名称、规格、数量、生产日期或者生产批号、保质期、进货日期以及供货者名称、地址、联系方式等内容，并保存相关凭证。记录和凭证保存期限应当符合本法第五十条第二款的规定。

第六十一条　集中交易市场的开办者、柜台出租者和展销会举办者，应当依法审查入场食品经营者的许可证，明确其食品安全管理责任，定期对其经营环境和条件进行检查，发现其有违反本法规定行为的，应当及时制止并立即报告所在地县级人民政府食品安全监督管理部门。

第六十二条　网络食品交易第三方平台提供者应当对入网食品经营者进行实名登记，明确其食品安全管理责任；依法应当取得许可证的，还应当审查其许可证。

网络食品交易第三方平台提供者发现入网食品经营者有违反本法规定行为的，应当及时制止并立即报告所在地县级人民政府食品安全监督管理部门；发现严重违法行为的，应当立即停止提供网络交易平台服务。

第六十三条　国家建立食品召回制度。食品生产者发现其生产的食品不符合食品安全标准或者有证据证明可能危害人体健康的，应当立即停止生产，召回已经上市销售的食品，通知相关生产经营者和消费者，并记录召回和通知情况。

食品经营者发现其经营的食品有前款规定情形的，应当立即停止经营，通知相关生产经营者和消费者，并记录停止经营和通知情况。食品生产者认为应当召回的，应当立即召回。由于食品经营者的原因造成其经营的食品有前款规定情形的，食品经营者应当召回。

食品生产经营者应当对召回的食品采取无害化处理、销毁等措施，防止其再次流入市场。但是，对因标签、标志或者说明书不符合食品安全标准而被召回的食品，食品生产者在采取补救措施且能保证食品安全的情况下可以继续销售；销售时应当向消费者明示补救措施。

食品生产经营者应当将食品召回和处理情况向所在地县级人民政府食品安全监督管理部门报告；需要对召回的食品进行无害化处理、销毁的，应当提前报告时间、地点。食品安全监督管理部门认为必要的，可以实施现场监督。

食品生产经营者未依照本条规定召回或者停止经营的，县级以上人民政府食品安全监督管理部门可以责令其召回或者停止经营。

第六十四条　食用农产品批发市场应当配备检验设备和检验人员或者委托符合

本法规定的食品检验机构，对进入该批发市场销售的食用农产品进行抽样检验；发现不符合食品安全标准的，应当要求销售者立即停止销售，并向食品安全监督管理部门报告。

第六十五条　食用农产品销售者应当建立食用农产品进货查验记录制度，如实记录食用农产品的名称、数量、进货日期以及供货者名称、地址、联系方式等内容，并保存相关凭证。记录和凭证保存期限不得少于六个月。

第六十六条　进入市场销售的食用农产品在包装、保鲜、贮存、运输中使用保鲜剂、防腐剂等食品添加剂和包装材料等食品相关产品，应当符合食品安全国家标准。

第三节　标签、说明书和广告

第六十七条　预包装食品的包装上应当有标签。标签应当标明下列事项：

（一）名称、规格、净含量、生产日期；

（二）成分或者配料表；

（三）生产者的名称、地址、联系方式；

（四）保质期；

（五）产品标准代号；

（六）贮存条件；

（七）所使用的食品添加剂在国家标准中的通用名称；

（八）生产许可证编号；

（九）法律、法规或者食品安全标准规定应当标明的其他事项。

专供婴幼儿和其他特定人群的主辅食品，其标签还应当标明主要营养成分及其含量。

食品安全国家标准对标签标注事项另有规定的，从其规定。

第六十八条　食品经营者销售散装食品，应当在散装食品的容器、外包装上标明食品的名称、生产日期或者生产批号、保质期以及生产经营者名称、地址、联系方式等内容。

第六十九条　生产经营转基因食品应当按照规定显著标示。

第七十条　食品添加剂应当有标签、说明书和包装。标签、说明书应当载明本法第六十七条第一款第一项至第六项、第八项、第九项规定的事项，以及食品添加剂的使用范围、用量、使用方法，并在标签上载明"食品添加剂"字样。

第七十一条　食品和食品添加剂的标签、说明书，不得含有虚假内容，不得涉及疾病预防、治疗功能。生产经营者对其提供的标签、说明书的内容负责。

食品和食品添加剂的标签、说明书应当清楚、明显，生产日期、保质期等事项应当显著标注，容易辨识。

食品和食品添加剂与其标签、说明书的内容不符的，不得上市销售。

第七十二条　食品经营者应当按照食品标签标示的警示标志、警示说明或者注意事项的要求销售食品。

第七十三条　食品广告的内容应当真实合法，不得含有虚假内容，不得涉及疾病预防、治疗功能。食品生产经营者对食品广告内容的真实性、合法性负责。

县级以上人民政府食品安全监督管理部门和其他有关部门以及食品检验机构、食品行业协会不得以广告或者其他形式向消费者推荐食品。消费者组织不得以收取费用或者其他牟取利益的方式向消费者推荐食品。

第四节　特殊食品

第七十四条　国家对保健食品、特殊医学用途配方食品和婴幼儿配方食品等特殊食品实行严格监督管理。

第七十五条　保健食品声称保健功能，应当具有科学依据，不得对人体产生急性、亚急性或者慢性危害。

保健食品原料目录和允许保健食品声称的保健功能目录，由国务院食品安全监督管理部门会同国务院卫生行政部门、国家中医药管理部门制定、调整并公布。

保健食品原料目录应当包括原料名称、用量及其对应的功效；列入保健食品原料目录的原料只能用于保健食品生产，不得用于其他食品生产。

第七十六条　使用保健食品原料目录以外原料的保健食品和首次进口的保健食品应当经国务院食品安全监督管理部门注册。但是，首次进口的保健食品中属于补充维生素、矿物质等营养物质的，应当报国务院食品安全监督管理部门备案。其他保健食品应当报省、自治区、直辖市人民政府食品安全监督管理部门备案。

进口的保健食品应当是出口国（地区）主管部门准许上市销售的产品。

第七十七条　依法应当注册的保健食品，注册时应当提交保健食品的研发报告、产品配方、生产工艺、安全性和保健功能评价、标签、说明书等材料及样品，并提供相关证明文件。国务院食品安全监督管理部门经组织技术审评，对符合安全和功能声称要求的，准予注册；对不符合要求的，不予注册并书面说明理由。对使用保健食品原料目录以外原料的保健食品作出准予注册决定的，应当及时将该原料纳入保健食品原料目录。

依法应当备案的保健食品，备案时应当提交产品配方、生产工艺、标签、说明书以及表明产品安全性和保健功能的材料。

第七十八条　保健食品的标签、说明书不得涉及疾病预防、治疗功能，内容应当真实，与注册或者备案的内容相一致，载明适宜人群、不适宜人群、功效成分或者标志性成分及其含量等，并声明"本品不能代替药物"。保健食品的功能和成分应当与标签、说明书相一致。

第七十九条　保健食品广告除应当符合本法第七十三条第一款的规定外，还应当声明"本品不能代替药物"；其内容应当经生产企业所在地省、自治区、直辖市人民政府食品安全监督管理部门审查批准，取得保健食品广告批准文件。省、自治区、直辖市人民政府食品安全监督管理部门应当公布并及时更新已经批准的保健食品广告目录以及批准的广告内容。

第八十条　特殊医学用途配方食品应当经国务院食品安全监督管理部门注册。注册时，应当提交产品配方、生产工艺、标签、说明书以及表明产品安全性、营养充足性和特殊医学用途临床效果的材料。

特殊医学用途配方食品广告适用《中华人民共和国广告法》和其他法律、行政法规关于药品广告管理的规定。

第八十一条 婴幼儿配方食品生产企业应当实施从原料进厂到成品出厂的全过程质量控制，对出厂的婴幼儿配方食品实施逐批检验，保证食品安全。

生产婴幼儿配方食品使用的生鲜乳、辅料等食品原料、食品添加剂等，应当符合法律、行政法规的规定和食品安全国家标准，保证婴幼儿生长发育所需的营养成分。

婴幼儿配方食品生产企业应当将食品原料、食品添加剂、产品配方及标签等事项向省、自治区、直辖市人民政府食品安全监督管理部门备案。

婴幼儿配方乳粉的产品配方应当经国务院食品安全监督管理部门注册。注册时，应当提交配方研发报告和其他表明配方科学性、安全性的材料。

不得以分装方式生产婴幼儿配方乳粉，同一企业不得用同一配方生产不同品牌的婴幼儿配方乳粉。

第八十二条 保健食品、特殊医学用途配方食品、婴幼儿配方乳粉的注册人或者备案人应当对其提交材料的真实性负责。

省级以上人民政府食品安全监督管理部门应当及时公布注册或者备案的保健食品、特殊医学用途配方食品、婴幼儿配方乳粉目录，并对注册或者备案中获知的企业商业秘密予以保密。

保健食品、特殊医学用途配方食品、婴幼儿配方乳粉生产企业应当按照注册或者备案的产品配方、生产工艺等技术要求组织生产。

第八十三条 生产保健食品，特殊医学用途配方食品、婴幼儿配方食品和其他专供特定人群的主辅食品的企业，应当按照良好生产规范的要求建立与所生产食品相适应的生产质量管理体系，定期对该体系的运行情况进行自查，保证其有效运行，并向所在地县级人民政府食品安全监督管理部门提交自查报告。

第五章 食品检验

第八十四条 食品检验机构按照国家有关认证认可的规定取得资质认定后，方可从事食品检验活动。但是，法律另有规定的除外。

食品检验机构的资质认定条件和检验规范，由国务院食品安全监督管理部门规定。

符合本法规定的食品检验机构出具的检验报告具有同等效力。

县级以上人民政府应当整合食品检验资源，实现资源共享。

第八十五条 食品检验由食品检验机构指定的检验人独立进行。

检验人应当依照有关法律、法规的规定，并按照食品安全标准和检验规范对食品进行检验，尊重科学，恪守职业道德，保证出具的检验数据和结论客观、公正，不得出具虚假检验报告。

第八十六条 食品检验实行食品检验机构与检验人负责制。食品检验报告应当加盖食品检验机构公章，并有检验人的签名或者盖章。食品检验机构和检验人对出具的食品检验报告负责。

第八十七条　县级以上人民政府食品安全监督管理部门应当对食品进行定期或者不定期的抽样检验，并依据有关规定公布检验结果，不得免检。进行抽样检验，应当购买抽取的样品，委托符合本法规定的食品检验机构进行检验，并支付相关费用；不得向食品生产经营者收取检验费和其他费用。

第八十八条　对依照本法规定实施的检验结论有异议的，食品生产经营者可以自收到检验结论之日起七个工作日内向实施抽样检验的食品安全监督管理部门或者其上一级食品安全监督管理部门提出复检申请，由受理复检申请的食品安全监督管理部门在公布的复检机构名录中随机确定复检机构进行复检。复检机构出具的复检结论为最终检验结论。复检机构与初检机构不得为同一机构。复检机构名录由国务院认证认可监督管理、食品安全监督管理、卫生行政、农业行政等部门共同公布。

采用国家规定的快速检测方法对食用农产品进行抽查检测，被抽查人对检测结果有异议的，可以自收到检测结果时起四小时内申请复检。复检不得采用快速检测方法。

第八十九条　食品生产企业可以自行对所生产的食品进行检验，也可以委托符合本法规定的食品检验机构进行检验。

食品行业协会和消费者协会等组织、消费者需要委托食品检验机构对食品进行检验的，应当委托符合本法规定的食品检验机构进行。

第九十条　食品添加剂的检验，适用本法有关食品检验的规定。

第六章　食品进出口

第九十一条　国家出入境检验检疫部门对进出口食品安全实施监督管理。

第九十二条　进口的食品、食品添加剂、食品相关产品应当符合我国食品安全国家标准。

进口的食品、食品添加剂应当经出入境检验检疫机构依照进出口商品检验相关法律、行政法规的规定检验合格。

进口的食品、食品添加剂应当按照国家出入境检验检疫部门的要求随附合格证明材料。

第九十三条　进口尚无食品安全国家标准的食品，由境外出口商、境外生产企业或者其委托的进口商向国务院卫生行政部门提交所执行的相关国家（地区）标准或者国际标准。国务院卫生行政部门对相关标准进行审查，认为符合食品安全要求的，决定暂予适用，并及时制定相应的食品安全国家标准。进口利用新的食品原料生产的食品或者进口食品添加剂新品种、食品相关产品新品种，依照本法第三十七条的规定办理。

出入境检验检疫机构按照国务院卫生行政部门的要求，对前款规定的食品、食品添加剂、食品相关产品进行检验。检验结果应当公开。

第九十四条　境外出口商、境外生产企业应当保证向我国出口的食品、食品添加剂、食品相关产品符合本法以及我国其他有关法律、行政法规的规定和食品安全国家标准的要求，并对标签、说明书的内容负责。

进口商应当建立境外出口商、境外生产企业审核制度，重点审核前款规定的内容；审核不合格的，不得进口。

发现进口食品不符合我国食品安全国家标准或者有证据证明可能危害人体健康的，进口商应当立即停止进口，并依照本法第六十三条的规定召回。

《中华人民共和国产品质量法》(节选)

（1993 年 2 月 22 日第七届全国人民代表大会常务委员会第三十次会议通过　根据 2000 年 7 月 8 日第九届全国人民代表大会常务委员会第十六次会议《关于修改〈中华人民共和国产品质量法〉的决定》第一次修正　根据 2009 年 8 月 27 日第十一届全国人民代表大会常务委员会第十次会议《关于修改部分法律的决定》第二次修正　根据 2018 年 12 月 29 日第十三届全国人民代表大会常务委员会第七次会议《关于修改〈中华人民共和国产品质量法〉等五部法律的决定》第三次修正）

第二章　产品质量的监督

第二十二条　消费者有权就产品质量问题，向产品的生产者、销售者查询；向市场监督管理部门及有关部门申诉，接受申诉的部门应当负责处理。

第二十三条　保护消费者权益的社会组织可以就消费者反映的产品质量问题建议有关部门负责处理，支持消费者对因产品质量造成的损害向人民法院起诉。

第三章　生产者、销售者的产品质量责任和义务

第一节　生产者的产品质量责任和义务

第二十七条　产品或者其包装上的标识必须真实，并符合下列要求：

（一）有产品质量检验合格证明；

（二）有中文标明的产品名称、生产厂厂名和厂址；

（三）根据产品的特点和使用要求，需要标明产品规格、等级、所含主要成分的名称和含量的，用中文相应予以标明；需要事先让消费者知晓的，应当在外包装上标明，或者预先向消费者提供有关资料；

（四）限期使用的产品，应当在显著位置清晰地标明生产日期和安全使用期或者失效日期；

（五）使用不当，容易造成产品本身损坏或者可能危及人身、财产安全的产品，应当有警示标志或者中文警示说明。

裸装的食品和其他根据产品的特点难以附加标识的裸装产品，可以不附加产品标识。

第三十二条　生产者生产产品，不得掺杂、掺假，不得以假充真、以次充好，不得以不合格产品冒充合格产品。

消费纠纷化解工作用表

消费者投诉和纠纷调解登记表

时间： 年 月 日

投诉人	姓名		联系电话	
	身份证号		地址	
被投诉人	姓名/单位名称		营业执照号/统一社会信用代码	
	地址		联系电话	
投诉情况	投诉类型	服务质量投诉□　产品质量投诉□　过敏投诉□ 其他_____		
	投诉人提供材料	购买时间：_____　　购买地点：_____ 购物单据/购买记录□　　订单号：_____ 聊天记录□　　　　　　　发票□ 转账/支付记录□　　　　相关录音录像□ 问题表现：_____　　其他：_____		
	情况描述			
消费者要求				
受理意见				

注：1. 请在需登记事项"□"打"√"。

2. 提供的材料须附件。

消费者投诉和纠纷调解
申请材料清单

以下材料系由投诉人提交

投诉类型					材料副本数	
投诉人					被投诉人	
编号	材料名称	页码	页数	原件或复印件	证明对象	
材料一					证明：	
材料二					证明：	
材料三					证明：	
材料四					证明：	
材料五					证明：	
材料提交人签名：				材料提交日期：		
材料接收人签名：				材料接收日期：		

注：视听资料和电子数据须提交光盘（录音须另附文字版）。

消费者投诉和纠纷调解当事人权利义务告知书

根据有关法律、法规的要求，现将人民调解委员会的性质、调解原则和法律效果，以及在调解中各方当事人享有的权利和应当承担的义务告知如下：

一、人民调解委员会是调解民间纠纷的群众性组织。人民调解委员会调解民间纠纷不收费。经人民调解委员会调解达成的调解协议，具有法律约束力，当事人应当按照约定履行，不得擅自变更或者解除调解协议。经人民调解委员会调解达成调解协议后，双方当事人认为有必要的，可以自调解协议生效之日起三十日内共同向人民法院申请司法确认。

二、人民调解委员会调解民间纠纷，应当遵守下列原则：

（一）在当事人自愿、平等的基础上进行调解；

（二）不违背法律、法规和国家政策；

（三）尊重当事人的权利，不得因调解而阻止当事人依法通过仲裁、行政、司法等途径维护自己的权利。

三、在人民调解活动中，纠纷当事人享有下列权利：

（一）选择或者接受人民调解员；

（二）接受调解、拒绝调解或者要求终止调解；

（三）要求调解公开进行或者不公开进行；

（四）自主表达意愿、自愿达成调解协议。

四、在人民调解活动中，纠纷当事人承担下列义务：

（一）如实陈述纠纷事实，不得提供虚假证明材料；

（二）遵守调解现场秩序，尊重人民调解员；

（三）尊重对方当事人行使权利；

（四）不得加剧纠纷、激化矛盾；

（五）自觉履行人民调解协议。

以上内容已经告知我们，我们愿意调解。

投诉人（签名盖章或按指印）：　　　　　____年___月___日

被投诉人（签名盖章或按指印）：　　　　____年___月___日

调解委员会消费者投诉和纠纷调解告知书

时间： 年 月 日 编号：

被投诉人：

　　投诉人_____ 与你_____纠纷一案，向本调解委员会提调解申请，本委员会于_____年____月____日收到了投诉人递交的消费者投诉和纠纷调解登记表。为及时解决纠纷，维护社会和谐稳定，现将投诉人递交的消费者投诉和纠纷调解登记表、消费者投诉和纠纷调解申请材料清单副本送达你方。请在七日内提供被投诉人关于被投诉事项的情况说明和相关材料，材料一式两份，材料原件请在本调解委员会组织调解时带来，以便本调解委员会核对，并供投诉人质证。

　　现通知你于_____年____月____日____点____分到_____调解室（暂定），由本调解委员会组织调解工作。

　　如有调解方案，请及时告知。如你方不同意调解或调解不成的，本调解委员会将结束该调解程序。

联系人：

联系电话： （请务必联系）

地址：_____

_____调解委员会

_____年____月____日

关于被_____申请投诉和纠纷调解
相关情况的说明

时间：　　年　　月　　日

被投诉人	姓名 / 单位名称		营业执照号 / 统一社会信用代码	
	地址		联系电话	

	被投诉类型	服务质量投诉□　　产品质量投诉□　　过敏投诉□ 其他_____
被投诉情况说明	被投诉人提供材料	购买时间：_____　　购买地点：_____ 购物单据 / 购买记录□ _____ 订单号：_____ 聊天记录□　　　　　　　　发票□ 转账 / 支付记录□　　　　　相关录音录像□ 问题表现：_____ 其他：_____
	被投诉相关事项说明	

注：1. 请在需登记事项 "□" 打 "√"。

　　2. 提供的材料须附件。

被投诉人就被申请投诉和纠纷调解
答辩清单

以下材料系由被投诉人提交

投诉类型					材料副本数	
投诉人					被投诉人	
编号	材料名称	页码	页数	原件或复印件	证明对象	
材料一					证明:	
材料二					证明:	
材料三					证明:	
材料四					证明:	
材料五					证明:	
材料提交人签名:				材料提交日期:		
材料接收人签名:				材料接收日期:		

注：视听资料和电子数据须附光盘（录音须另附文字版）。

调解委员会消费者投诉和纠纷调解情况表

时间： 年 月 日 编号：

投诉人	姓名		联系电话	
	身份证号		地址	
被投诉人	姓名／单位名称		营业执照号／统一社会信用代码	
	地址		联系电话	
投诉记录	投诉类型	服务质量投诉□ 产品质量投诉□ 过敏投诉□ 其他_____		
	情况描述			
调解记录				
处理结果	经本调解委员会调解，双方满意调解结果。 投诉人（签名）： 被投诉人（签名）： 更换商品□ 退回商品□ 赔偿损失□ 被投诉方道歉□ 双方自行协商解决□ 移交工商部门□ 采用其他途径解决□			

注：1. 请在需登记事项"□"打"√"。

　　2. 提供的材料须附件。

消费者投诉和纠纷调解协议书①

编号：_____

当事人姓名_____性别____民族_____出生年月_____
职业或职务_____联系方式_____
单位或住址_____

当事人姓名_____统一社会信用代码／营业执照号_____
法定代表人_____职务_____联系方式_____
单位或住址_____

双方当事人因发生_____纠纷，于_____年___月___日申请我调解委员会予以调解。我调解委员会于_____年___月___日开始对纠纷进行受理。经了解，各方当事人认同纠纷的简要事实，争议事项如下：

_____
_____
_____
_____
_____

经调解，双方当事人自愿达成如下协议：
一、_____
_____
_____

---

① 注：制作调解协议书应注意以下事项：

1. 双方当事人基本情况记载应全面准确（当事人为自然人的，需审查身份证或其他有效证件，核对原件后留存复印件；同时需审查当事人当前经常居住地是否与户籍地一致。当事人为法人或非法人组织的，需审查营业执照副本或者登记文件、法定代表人或负责人身份证明，核对原件后留存复印件。如当事人委托代理人代为调解，应提交授权委托书留存。授权委托书应记载委托人及受托人姓名、基本情况、双方关系，以及代理权限。授权委托书应由委托人、受托人本人亲自签名）。

2. 纠纷主要事实（包括纠纷产生的时间、地点、原因、过程）、争议事项以及各方当事人的责任记载应简明扼要。

3. 协议达成内容（如地点、金额、期限、违约责任）和履行方式记载应准确无误。

4. 调解协议由纠纷当事人各执一份，人民调解委员会留存一份，签名盖章缺一不可。

二、_____

_____

_____

三、_____

_____

_____

本协议履行方式为 _____

本协议履行时限为 _____

本协议书正本共叁份，各方当事人各执一份，本人民调解委员会存档一份。《中华人民共和国人民调解法》第三十一条规定，经人民调解委员会调解达成的调解协议具有法律约束力，当事人应当按照约定履行。

投诉人（签名盖章或按指印）_____

被投诉人（签名盖章或按指印）_____

人民调解员（签名）_____记录人（签名）_____

_____调解委员会（印章）

_____年____月____日